Amazon Echo Spot

Das Umfangreiche Handbuch für Echo Spot & Alexa

Schritt für Schritt Anleitungen, Tipps & Tricks und Problemlösungen inkl. BONUS mit 666 Befehlen

(Version 2018)

Paul Petersen

Inhalt

1. Einleitung

Intelligente Lautsprecher erobern die Welt und sind in immer mehr Haushalten anzutreffen. Sie sind nützliche Helfer im Alltag, erledigen verschiedene Dinge, bauen Anrufe auf und antworten auf Fragen. Dabei sind sie nicht größer als eine Konservendose mit einem Eintopfgericht. Unter ihrer Hülle steckt Erstaunliches. Die kleinen nützlichen Helfer dienen als Lautsprecher und streamen die verschiedensten Musikrichtungen, sie regeln die Temperatur im Zimmer, dimmen das Licht, geben Auskünfte über Fahrpläne der Deutschen Bahn und über das TV-Programm. Die intelligenten Lautsprecher reagieren auf Sprachbefehle. Damit das funktioniert, müssen sie programmiert werden.

Die intelligenten Lautsprecher heißen Echo Dot, Echo Spot und Echo Show. Damit sie auf einen Sprachbefehl reagieren, müssen Sie als Nutzer Ihren Befehl mit einer Art Codewort starten, beispielsweise „Alexa!". Alle Personen, die in Ihrem Haushalt leben, können den Lautsprecher per Sprachbefehl steuern. Wie erkennt der Lautsprecher die Stimme und wie kann er die Sprachbefehle verstehen?

Diese kleinen Alleskönner sind ein Teil von IoT, Internet of Things. Das Internet der Dinge gewinnt nicht nur in Unternehmen mehr und mehr an Bedeutung, sondern es ist auch hilfreich im Smart-Home-System. Aus der Ferne, beispielsweise vom Arbeitsplatz aus, können Sie erfahren, ob Sie das Licht oder den Herd ausgeschaltet haben. Von unterwegs können Sie über Ihr Handy das Licht oder den Herd ausschalten, falls Sie das vergessen haben. Um zu funktionieren und ihre Aufgaben Tag und Nacht erledigen zu können, müssen die kleinen intelligenten

Helfer ständig mit dem Internet verbunden sein. Das wirft die Frage auf, was dann passiert, wenn Strom oder Internet ausfallen. Die kleinen Lautsprecher funktionieren mit WLAN und müssen mit Ihrem WLAN-Netzwerk zu Hause verbunden sein. Um die kleinen Geräte einzurichten, benötigen Sie nicht unbedingt Ihren PC, sondern die Einrichtung funktioniert auch via Smartphone.

Haben Sie schon daran gedacht, sich einen intelligenten Lautsprecher ins Haus zu holen, aber waren Sie bislang noch skeptisch? Dieses Handbuch gewährt Ihnen einen Einblick in die Technik der intelligenten Lautsprecher und in die Funktionen. Sie erfahren mehr über Ihren Echo Spot und Alexa. Das Handbuch vermittelt Ihnen, wie Sie den kleinen Helfer einrichten, welche Funktionen er ausüben kann und wie Sie die verschiedenen Funktionen nutzen können. Möchten Sie die Temperatur mittels Alexa regeln oder die Beleuchtung in Ihrem Zimmer variieren, müssen Sie den kleinen Lautsprecher in Ihr Smart-Home-System integrieren. Wie das funktioniert, erfahren Sie in diesem Handbuch. Abschließend werden Problemlösungen behandelt. Ein FAQ gibt Antworten auf die am häufigsten gestellten Fragen.

2. Bevor wir loslegen: Echo Spot Basics

Der intelligente Lautsprecher Echo ist schon einige Jahre alt. Er wurde bereits am 06. November 2014 herausgebracht, doch wurde er zuerst nur für die US-amerikanischen Prime-Kunden von Amazon angeboten. Seinen Siegeszug trat das kleine Gerät am 23. Juni 2015 an, da es seitdem für alle US-Amerikaner verfügbar ist. Bevor Echo nach Deutschland kam, musste noch einige Zeit vergehen. Erst seit Oktober 2016 wird Echo auch für Amazon-Kunden in Deutschland angeboten. Inzwischen wurde Amazon Echo hin zum Echo Spot verbessert welcher im Februar 2018 in Deutschland veröffentlicht wurde. Die kleine Mitbewohnerin Alexa hat dazugelernt und verfügt über noch mehr Funktionen. Mehrere winzige Mikrofone sind in den Lautsprecher integriert. Je nach Gerät sind unterschiedlich viele Mikrofone vorhanden. Der Lautsprecher ist mit einer Richtstrahltechnologie ausgestattet, um von verschiedenen Richtungen aus auf seine Besitzer zu hören und Befehle auszuführen. Echo Spot reagiert sogar dann auf Ihre Befehle, wenn Sie sich über einige Entfernung im Raum befinden und wenn Nebengeräusche vorhanden sind. Der kleine Lautsprecher ist daher mit einer Geräuschunterdrückung und einer Fernfeld-Spracherkennung ausgestattet.

Das neue Echo Spot ist inzwischen in verschiedenen Varianten erhältlich. Es ist noch kompakter geworden und sieht aus wie ein kleiner Wecker. Das Gerät kann als solches genutzt werden, doch kann es noch deutlich mehr. Es verfügt, anders als die zylindrischen

Echo-Geräte, die auf den Befehl „Alexa" hören, über ein Display und kann mit verschiedenen Zifferblättern nach Wunsch ausgestattet werden. Nicht nur die Uhrzeit, sondern auch Cover von Musik-Alben, Nachrichten, Wetter, Ihr Gesprächspartner beim Telefonieren und vieles mehr können angezeigt werden. Das neue, stylische Echo Spot verfügt nicht nur über eine attraktive Optik, sondern es ist Ihr persönlicher Sprachassistent und kann vielfältig vernetzt werden. Auch dann, wenn Musik im Hintergrund läuft oder sich Menschen im Zimmer unterhalten, reagiert Echo Spot auf Ihre Sprachbefehle. Wie geht das? Die Antwort auf diese Frage ist die Fernfeld-Technologie, die mittlerweile in der zweiten Generation vorhanden ist. Die Geräuschunterdrückung wurde beim neuen Echo Spot noch verbessert.

Der Funktionsumfang von Echo Spot ist riesig: Musik streamen, Anrufe annehmen und aufbauen, Nachrichten und Wetterbericht abrufen, Fahrpläne abfragen, die Uhrzeit anzeigen, vielfältige Fragen beantworten, aber auch wichtige Funktionen im Haus wie das Dimmen von Licht, die Regulierung der Temperatur, die Steuerung verschiedener Haushaltsgeräte, Informationen über die Verkehrslage auf dem Weg zur Arbeit, die Anzeige alternativer Verkehrsstrecken – all das ist per Sprachbefehl möglich. Damit das funktioniert, muss Echo Spot eingerichtet werden. Um die Steuerung auch von unterwegs mit dem mobilen Gerät zu ermöglichen, müssen Sie die Alexa App einrichten. Mit einem 3,5 mm Stereokabel oder per Bluetooth können Sie Echo Spot an externe Lautsprecher anschließen und Ihre Stereoanlage zu Hause steuern. Ein satter Sound oder großes Kino – alles ist mit Echo Spot möglich.

Alexa ist die perfekte Mitbewohnerin, denn auch To-Do-Listen und Notizzettel können eingerichtet werden. Sagen Sie Alexa einfach, was Sie in den nächsten Tagen tun müssen, und fordern Sie Alexa auf, Sie daran zu erinnern. So können Sie nichts vergessen. Echo Spot hilft Ihnen, Ihre Termine zu planen und zu verwalten.

Es kann auch zu mehr Sicherheit beitragen. Wird Ihr Grundstück videoüberwacht, können Sie von unterwegs abfragen, wie es mit der Sicherheit aussieht. Mit der Smart-Home-Technologie können Sie auf die Aufzeichnungen Ihrer Videoanlage zuhause zugreifen.

Nicht zu vergessen sind die vielen Funktionen, die Echo Spot für Musikfreunde zu bieten hat. Das kompakte Gerät ermöglicht Ihnen den Zugriff auf Streaming-Dienste wie Spotify, TuneIn oder Amazon Music. Mit Amazon Music Unlimited können Sie auf mehr als 40 Millionen Songs zugreifen. Auch auf Nachrichtensender ermöglicht Ihnen Echo Spot den Zugriff, um immer mit den aktuellsten Nachrichten, Wetterberichten und Verkehrsmeldungen versorgt zu werden.

Alexa ist nicht nur intelligent, sondern sie lernt auch ständig dazu. Sie verfügt über tausende Skills und kann mit Updates ständig erweitert werden. Der kleine kompakte Helfer gewöhnt sich an Ihre Stimme und passt sich an Ihre Vorlieben an. Um Aktualisierungen müssen Sie sich nicht kümmern, da Echo Spot ständig mit dem Internet verbunden ist. Die Alexa App können Sie für mobile Geräte mit verschiedenen gängigen Betriebssystemen verwenden. Sie funktioniert mit iOS und Android.

Noch mehr Vorteile mit Amazon Prime

Sind Sie Mitglied von Amazon Prime, können Sie mit Echo Spot noch mehr Vorteile genießen. So wie Sie über Amazon Prime schnell über den PC oder über das mobile Gerät bestellen können, so ist die Bestellung über Echo Spot noch bequemer per Sprachbefehl möglich. Auf Millionen von Artikeln haben Sie bei Amazon Prime Zugriff. Als Prime-Mitglied können Sie zusätzlich von einer sehr schnellen Lieferung profitieren. Die Einkäufe per Sprachbefehl sind selbstverständlich ohne Zusatzkosten möglich. Noch ein Vorteil der Prime-Bestellung mit Echo Spot: Ihre Bestellung können Sie mit Alexa nachverfolgen.
Als Prime-Mitglied können Sie mit Echo Spot den Musikdienst Prime Music zum Streamen von Musik nutzen. Er bietet Ihnen Zugriff auf mehr als 2 Millionen Songs. Mit Prime Video können Sie auch Serienepisoden und Filme abspielen und Ihre Prime Photos anzeigen lassen.

3. Spezifikationen von Echo Spot

Echo Spot hat eine kompakte Form, ein attraktives Design und wird per Sprachassistent gesteuert. Doch was steckt dahinter? Erfahren Sie mehr über das Innenleben und die Ausstattung ihres kleinen, smarten Assistenten.

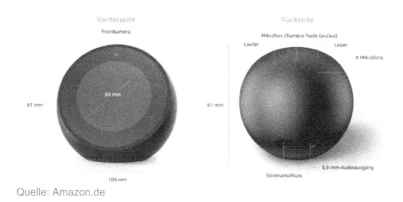

Quelle: Amazon.de

Neben den Anschlüssen, bietet das Gerät eine Lauter und Leiser Taste die auf der Rückseite platziert sind falls Sie doch manuell regulieren möchten. Zusätzlich ist dort auch eine Taste mit der Sie das Mikrofon oder die Kamera des Echo Spots deaktivieren können.

Grundlegende Ausstattung von Echo Spot

Lautsprechergröße: 36 mm Hochtonlautsprecher
Displaygröße: 2,5-Zoll-Display
Abmessungen: 104 x 97 x 91 mm
Gewicht: 420 Gramm

Funktionsumfang

- Abspielen von Videos von Amazon und anderen Anbietern
- Streaming von Musik über WLAN einschließlich Amazon Music, Spotify, TuneIn und weiteren Diensten
- 3,5-mm-Audio-Ausgang und Bluetooth
- Sprachanrufe zwischen Echo Spot und Alexa App
- Videoanrufe zwischen unterstützten Geräten
- Steuerung von Smart-Home-Geräten
- Frontkamera und Display mit einem Durchmesser von 64 mm auf der Frontseite
- Rückseite mit Mikrofon- und Kamera-Taste, Tasten für Lauter und Leiser, vier Mikrofone, Stromanschluss und 3,5-mm-Audioausgang

Alexa App

Die Alexa App kann für mobile Geräte mit Fire OS, iOS ab der Version 9.0 und Android ab der Version 5.0 genutzt werden und ist über den Webbrowser zugänglich.Verschiedene Dienstleistungen und Skills können kostenpflichtig sein oder ein separates Abo erforderlich machen.

WLAN

WLAN ist als Dualband-WLAN vorhanden und unterstützt Netzwerke mit 802.11 a/b/g/n und 2,4 sowie 5 GHz. Verbindungen zu ad-hoc- oder Peer-to-Peer-WLAN-Netzen werden nicht unterstützt.

Bluetooth

Echo Spot unterstützt Advanced Audio Distribution Profile (A2DP) für das Audio-Streaming von Mobilfunkgeräten auf Echo Spot sowie von Echo Spot auf Audio/Video Remote Control Profile (AVRCP) und auf Bluetooth-Lautsprecher. Verbundene Mobilgeräte können per Sprachsteuerung bedient werden.
Echo Spot unterstützt keine Hands-free-Sprachsteuerung auf Mac OS X-Geräte sowie Bluetooth-Lautsprecher mit PIN-Eingabe.

Audio

Echo Spot verfügt über einen integrierten Lautsprecher und einen Stereo-Audioausgang mit 3,5 mm für externe Lautsprecher. Ein Audiokabel ist nicht inbegriffen.

Lieferumgang

Im Lieferumfang sind Echo Spot, ein Netzteil mit Kabel in der Länge von 1,80 m, eine Karte „Zum Ausprobieren" sowie eine Kurzanleitung enthalten. Echo Spot ist wahlweise in Schwarz und in Weiß erhältlich.

4. Echo Spot vs Echo Show

Ist Ihnen das Display von Echo Spot zu klein, dann können Sie ein größeres intelligentes Gerät mit einem vergleichbaren Funktionsumfang kaufen. Es heißt Echo Show und ist rechteckig. In seiner Form erinnert Echo Show an ein Tablet. Echo Show ist seit dem 16. November 2017 in Deutschland erhältlich. Das Gerät kann wie ein Tischkalender aufgestellt oder an der Wand aufgehängt werden.

Das sind die grundlegenden Eigenschaften von Echo Show:

Genau wie Echo Spot ist es in Schwarz und in Weiß erhältlich. Es hat die Abmessungen 187 x 187 x 90 mm und ein Gewicht von 1.170 Gramm. Das rechteckige Display misst 7 Zoll, was 178 mm entspricht. Anders als Echo Spot hat Echo Show keinen 36 mm Hochtonlautsprecher, sondern duale 55-mm-Stereolautsprecher mit einem raumfüllenden Dolby-Sound. Stellen Sie höhere Ansprüche an die Tonqualität, dann treffen Sie mit Echo Show die richtige Wahl. Genau wie Echo Spot ermöglicht auch Echo Show das Abspielen von Videos von Amazon Video und anderen Diensten. Das Streaming von Musik über WLAN ist genau wie bei Echo Spot möglich. Echo Show bietet Zugriff auf Amazon Music, Spotify, TuneIn und weitere Streaming-Dienste. Im Gegensatz zu Echo Spot hat Echo Show keinen 3,5-mm-Audio-Ausgang, sondern nur Bluetooth. Sprachanrufe sind ebenfalls zwischen Echo Show und der Alexa App möglich. Zwischen unterstützten

Geräten können Video-Anrufe erfolgen. Als intelligentes Gerät können Sie Echo Show genauso wie Echo Spot zur Steuerung von Smart-Home-Geräten verwenden. Anders als Echo Spot mit vier Mikrofonen auf der Rückseite hat Echo Show acht Mikrofone auf der Rückseite. Echo Show ist Außerdem mit einem leistungsstarken Intel Atom x5-Z8350-Prozessor ausgestattet.

Was ist gleich bei Echo Spot und Echo Show?

Echo Spot und Echo Show funktionieren mit der gleichen Alexa App und unterstützen die gleichen WLAN-Netzwerke. Eine Verbindung mit WLAN ist mit Echo Show sofort möglich. Die Alexa App kann für die gleichen Betriebssysteme wie bei Echo Spot genutzt werden. Echo Show kann für die gleichen Bluetooth-Verbindungen wie Echo Spot verwendet werden. Genau wie Echo Spot wird Echo Show mit einem Netzkabel in der Länge von 1,80 Meter, einer Karte „Zum Ausprobieren" und einer Kurzanleitung geliefert.

Toller Sound mit Echo Show

Für Freunde des guten Tons und für größere Räume ist Echo Show besser geeignet als Echo Spot, da es über Dolby Stereo verfügt. Erleben Sie mit Echo Show einen klaren, raumgreifenden Sound mit einem dynamischen Bass. Echo Show ermöglicht jedoch keine Verbindung mit externen Lautsprechern über ein Kabel, da kein 3,5-mm-Audioanschluss vorhanden ist. Eine Verbindung kann jedoch mit Bluetooth erfolgen. Nicht nur der Sound ist besser als bei Echo Spot, sondern auch das Display ist größer und ermöglicht umfangreichere Anzeigen. Es kann Songtexte, Playlists, Albencover und benutzerdefinierte Sender anzeigen. Diese Anzeigen sind auch mit Echo Show möglich, doch sind sie kleiner. Echo Show verfügt über die Funktion Multiroom Musik und ermöglicht das gleichzeitige Abspielen von Musik auf mehreren Echo-Geräten. Das Abspielen von Musik ist gleichzeitig auf Amazon Echo der 1. und der 2. Generation, Echo Dot der 1. und der 2. Generation, Echo Plus, Echo Spot und selbstverständlich Echo Show möglich.

Zahlreiche Funktionen mit Echo Show

Echo Show verfügt über den gleichen Funktionsumfang wie Echo Spot, nur ist es größer. Mit Echo Show können Sie Musik streamen, Anrufe aufbauen, Anrufe entgegennehmen, Nachrichten, Wetter und Verkehrsmeldungen abfragen, auf Sender und verschiedene Dienste zugreifen. Das smarte Gerät ermöglicht Ihnen die Erstellung von Terminplänen, Notizzetteln, Einkaufszetteln und To-Do-Listen. Es erinnert Sie an wichtige Termine und Aufgaben und hilft Ihnen bei Ihrer Planung. Echo Show kann über die Alexa App kommunizieren und mit mobilen Geräten gesteuert werden. Das Gerät kann in Ihr Smart-Home-System integriert werden, um die Raumtemperatur zu regulieren, das Licht zu dimmen, das Radio ein- und auszuschalten, verschiedene Hausgeräte zu steuern und auf die Aufzeichnungen Ihres Video-Überwachungssystem zuzugreifen. Genau wie Echo Spot muss Echo Show immer mit dem Internet verbunden sein. Um Updates und Aktualisierungen müssen Sie sich nicht kümmern, da das automatisch über das Internet erfolgt. Echo Show ist lernfähig und lernt immer mehr dazu.

Damit die Kommunikation mit Echo Show möglich ist, müssen Sie das Gerät personalisieren. Das erfolgt auf die gleiche Weise wie bei Echo Spot. Echo Show kann genau wie Echo Spot per Sprachsteuerung bedient werden, doch kann das Display auch mit den Fingern bedient werden, da es sich um einen Touchscreen handelt. Die Bedienung über den Touchscreen ist auch bei Echo Spot möglich.

Welches Gerät sollen Sie kaufen?

Echo Show hat ein größeres Display und einen leistungsstärkeren Lautsprecher mit Dolby Stereo. Während Echo Spot nur über eine kleine Frontkamera verfügt, ist Echo Show mit einer 5-Megapixel-Kamera ausgestattet. Das größere Display und die etwas umfangreichere Ausstattung von Echo Show schlagen sich im Preis nieder. Der Funktionsumfang ist bei Echo Spot und Echo Show nahezu gleich. Nur dann, wenn Sie Wert auf ein größeres Display, auf Musikgenuss in Dolby-Stereo-Qualität und auf eine bessere Kamera legen, lohnt sich der Kauf von Echo Show. Auch dann, wenn es Ihnen auf Videos ankommt, die Sie über den Bildschirm anschauen möchten, ist Echo Show die bessere Wahl. Möchten Sie allerdings externe Lautsprecher an Ihr Gerät anschließen, sind Sie mit Echo Spot besser beraten. Geht es Ihnen in erster Linie um die Steuerung von Smart Home, um das Abrufen von Nachrichten, die Erstellung von To-Do-Listen und das Streamen von Musik, dann reicht Echo Spot aus.
Legen Sie Wert auf Design, dann hängt es von Ihrem persönlichen Geschmack ab, für welches Modell Sie sich entscheiden. Beide Geräte verfügen über ein sehr attraktives Design.

5. Echo Spot einrichten

Haben Sie sich für Echo Spot entschieden und möchten Sie es zu Hause nutzen, müssen Sie es zuerst einrichten, damit es auf Ihre Befehle hört und zum Streamen von Musik und Videos, für Smart Home und vielem mehr genutzt werden kann. Die Einrichtung von Echo Spot müssen Sie sich ähnlich vorstellen wie die Einrichtung eines Smartphones. Echo Spot kann kein Smartphone ersetzen, genauso wenig, wie Sie mit dem Smartphone alle Funktionen von Echo Spot nutzen können. Um die Integration in Smart Home vorzunehmen, müssen Sie bei Echo Spot die entsprechenden Einstellungen ausführen. Echo Spot muss programmiert werden, um Ihre Stimme und die Stimmen der anderen in Ihrem Haushalt lebenden Personen zu erkennen. Nicht nur auf das Erkennen, sondern auch auf das Verstehen kommt es an. Sprachliche Besonderheiten wie Dialekt oder Undeutlichkeiten müssen berücksichtigt werden. Das alles hört sich umfangreich an, wenn Sie Echo Spot einrichten möchten, doch ist das nicht so kompliziert wie es scheint.

Die ersten Schritte

Zuerst müssen Sie sich die Alexa App auf Ihr mobiles Gerät herunterladen. Die App ist im Amazon Appstore, im AppStore von iTunes für mobile Geräte mit iOS sowie im Google Play Store kostenlos zum Download erhältlich.

Die Einrichtung von Echo Spot funktioniert folgendermaßen:

1. Netzkabel an Echo Spot und an Steckdose anschließen
2. Sprache auf dem Display von Echo Spot auswählen
3. Anweisungen auf dem Display folgen
4. Echo Spot mit dem WLAN verbinden
5. Auf Antwort von WLAN warten
6. Mit Ihren Zugangsdaten in Ihr Amazon-Konto einloggen
7. Nutzungsbedingungen von Echo Spot zustimmen
8. Sie werden von Echo Spot nach Ihrem Namen gefragt und bestätigen den Namen per Tipp mit dem Finger
9. Ihrem Echo Spot können Sie einen Namen geben, doch ist das kein Muss. Es ist sinnvoll, wenn Sie mehrere Echo-Geräte benutzen.
10. Zeitzone auswählen, damit sich die Uhr einstellen kann

Die grundlegende Einrichtung Ihres Echo Spot haben Sie nun erledigt. Damit Ihr Echo Spot wie gewünscht funktioniert, müssen Sie weitere Einstellungen vornehmen. Einstellungen für die Uhr müssen Sie nicht vornehmen, da sich die Uhr von selbst einstellt. Da Echo Spot ständig mit dem Internet verbunden ist, müssen Sie die Uhr auch nicht von Sommer- auf Winterzeit und umgekehrt stellen. Sie müssen sich auch nicht sorgen, dass die Uhr vor- oder nachgeht, denn sie zeigt aufgrund der Verbindung mit dem Internet immer die richtige Zeit an.

Einstellungen bei Echo Spot

Da Echo Spot über einen Bildschirm verfügt, können Sie Einstellungen über den Bildschirm vornehmen. Genauso wie beim Touchscreen Ihres Handys können Sie auch bei Echo Spot einfach nur mit dem Finger über das Display wischen. In die Einstellungen gelangen Sie, wenn Sie nach oben oder nach unten über das Display streichen und dann auf die Einstellungen tippen. Alternativ dazu gelangen Sie auch mit dem Sprachbefehl „Alexa, gehe in die Einstellungen" zu den Einstellungen. Sie können dort beispielsweise das Aktivierungswort ändern oder das Gerät über Bluetooth mit einem externen Lautsprecher oder einem anderen Gerät verbinden. Einstellungen können Sie jedoch auch über die Alexa App vornehmen.

Echo Spot personalisieren

Möchten Sie Echo Spot personalisieren, benötigen Sie die Alexa App. Mit der App nehmen Sie Einstellungen vor, damit Alexa Ihre Befehle ausführen kann und Ihre Stimme erkennt. Das ist wichtig, damit Alexa Sie auch bei Nebengeräuschen und dann versteht, wenn sich andere Personen im Raum unterhalten oder gerade das Radio läuft. Haben Sie die grundlegenden Schritte vorgenommen, um Echo Spot einzurichten, können Sie Ihre Alexa App einrichten.
Einige Dienste und Funktionen sind auf Ihrem Echo Spot bereits vorinstalliert.

6. Alexa App einrichten

Um Echo Spot einzurichten und zu personalisieren, benötigen Sie die Alexa App, die Sie kostenlos herunterladen können. Nehmen Sie dazu den Download vor und folgen Sie den Anweisungen, um die App auf Ihrem mobilen Gerät zu installieren. Haben Sie ein Fire-Tablet, ist die App automatisch vorinstalliert. Möchten Sie die App aktualisieren, müssen Sie den Appstore von Amazon auf Ihrem mobilen Gerät aufrufen und dort nach der Alexa App suchen. Sie können die App dann auf Updates überprüfen. Ist ein Update verfügbar, tippen Sie auf die Schaltfläche „Aktualisieren". Wird diese Schaltfläche nicht angezeigt, dann ist auf Ihrem mobilen Gerät bereits die neueste Version der App vorhanden. Aktualisierungen sind wichtig, da Amazon mit seinen Echo-Geräten nicht auf der Stelle tritt und immer neue Geräte herausbringt. Da auch Echo Spot ein neues Gerät ist, kommt es auf die aktuellste Version der App an.

Einstellungen mit der App – die ersten Schritte

Möchten Sie Echo Spot einrichten, müssen Sie über die Alexa App die entsprechenden Geräteeinstellungen vornehmen. Die App ermöglicht Einstellungen für Echo Spot und alle anderen Echo-Geräte.

Um Ihren neuen Echo Spot einzurichten, müssen Sie in der App zunächst auf „Einstellungen" gehen. Dort wählen Sie aus, welches Gerät Sie einrichten möchten. Sie müssen dazu auf Echo Spot gehen. Alternativ dazu können Sie auch auf „Ein neues Gerät einrichten" gehen. Die Optionen, die in der App verfügbar sind, gelten nicht immer für alle Echo-Geräte.

Damit Alexa weiß, wer Sie sind, müssen Sie sich über die App mit Ihrem Amazon Log-in anmelden. Sie werden anschließend gefragt, wer Sie sind. Ihr Name wird dazu angezeigt. Sie müssen ihn antippen, um zu bestätigen, dass Sie es sind.

Sollen mehrere Personen mit Alexa kommunizieren und Befehle erteilen, müssen Sie die entsprechenden Kontakte über die App einrichten und Berechtigungen erteilen.

Im nächsten Schritt müssen Sie das WLAN aktualisieren und dafür auf den Menüpunkt „WLAN aktualisieren" gehen. Sie können das WLAN-Netzwerk, mit dem Echo Spot verbunden ist, einrichten oder aktualisieren.

Um die Einrichtung von Echo Spot abzuschließen, folgen Sie den Anweisungen über die App.

Echo Spot ist nun eingerichtet, doch müssen Sie individuelle Einstellungen vornehmen.

Einstellungen, die Sie mit der Alexa App vornehmen können

Welche Einstellungen Sie in den nächsten Schritten mit der Alexa App vornehmen, hängt ganz davon ab, was Sie mit dem Echo Spot machen möchten. Die App verfügt unter dem Menü zum Einrichten des Geräts über verschiedene Punkte:

Bluetooth:
Unter diesem Menüpunkt können Sie die Bluetooth-Pairing-Optionen für Ihr Gerät ändern.

Fernbedienung koppeln:
Mit dieser Funktion können Sie die Sprachfernbedienung koppeln oder trennen.

Drop-In:
Diese Funktion ist wichtig, damit Sie für Ihren Echo Spot Drop-In-Berechtigungen festlegen können. Sie ermöglicht Ihnen sofortige Verbindungen mit Ihren Freunden und Verwandten, ohne dass Sie ein Telefon oder Smartphone benutzen müssen. Sie müssen dafür ein Adressbuch für Echo Spot einrichten und können die Verbindung per Sprachbefehl vornehmen. Die Drop-In-Funktion ist nicht nur geeignet, um Kontakte zu Personen aufzubauen, die sich an einem anderen Ort oder in einem anderen Land befinden, sondern auch zu Personen, die sich in Ihrem Haushalt befinden. Sie können damit schnell einen Kontakt zu einer Person aufbauen, die sich in einem anderen Zimmer befindet.

Töne:
Mit dieser Funktion können Sie Töne verwalten, die Ihr Echo Spot erzeugt, wenn Sie damit Kontakt aufnehmen. Töne können Sie auch für Timer, Benachrichtigungen und für den Wecker verwalten.

Gerätename:
Ihrem Echo Spot können Sie einen Namen geben, wenn Sie über mehrere Echo-Geräte in Ihrem Haushalt verfügen. Unter dieser Einstellung können Sie die Namen Ihrer Echo-Geräte einstellen und verändern. Kaufen Sie ein neues Echo-Gerät, können Sie mit dieser Funktion eine Umbenennung vornehmen. Namen können Sie in die dafür vorgesehenen Felder eingeben. Möchten Sie einen Namen ändern, gehen Sie auf „Änderungen speichern".

Gerätestandort:
Zusätzlich zu einem Namen können Sie Ihrem Echo-Gerät unter dieser Einstellung eine Adresse zuweisen. Sie müssen dazu Ihre vollständige Adresse eingeben und auf „Speichern" gehen. Die Adresse wird benötigt, wenn Sie Echo Spot zu Wetter, aktueller Uhrzeit, Orte in Ihrer Nähe wie Restaurants, Hotels, Arztpraxen oder Läden, aber auch zu Vorstellungszeiten von Kinofilmen im Kino in Ihrer Nähe befragen.

Zeitzone des Gerätes:
Unter dieser Einstellung können Sie die aktuelle Zeitzone Ihres Gerätes anschauen oder ändern.

Aktivierungswörter:
Mit dieser Funktion können Sie die Voreinstellungen für das Aktivierungswort für Ihr Gerät verwalten.

Sprache:
Unter dieser Funktion verwalten Sie die Spracheinstellungen für Echo Spot. Stimmt die Sprache nicht mit der eingestellten Sprache für Ihr Amazon-Konto überein, versteht Alexa nicht immer, was Sie sagen.

Temperatur-Einheiten:
Diese Einstellung ist wichtig, wenn Sie die aktuelle Temperatur abfragen möchten. Sie müssen dafür Celsius einschalten oder Fahrenheit ausschalten.

Entfernungs-Einstellungen:
Diese Einstellung ist unerlässlich, wenn Sie verschiedene Entfernungen abfragen wollen. Sie müssen metrische Einheiten als Meter und Kilometer einstellen oder Fuß und Meilen ausschalten. Darüber hinaus sind über das Menü noch einige weitere Einstellungen möglich.

Nützliche Funktionen der Alexa App

Haben Sie die App und Ihren Echo Spot eingerichtet, bietet Ihnen die Alexa App einige nützliche Funktionen. Ihre Interaktionen, die Sie zuletzt mit Echo Spot vorgenommen haben, werden Ihnen gleich auf dem Startbildschirm angezeigt, wenn Sie die App öffnen. Sie sehen in einer Liste, welche Sprachbefehle Sie erteilt haben, aber auch die Reaktionen von Alexa. Die Einstellungen sind übersichtlich dargestellt. Sind Sie sich nicht sicher, ob Sie einen Befehl bereits erteilt haben, können Sie das über die App zurückverfolgen. Klicken Sie auf den Punkt „Mehr" in der Liste, können Sie Alexa mitteilen, ob sie den Befehl richtig ausgeführt hat.

Navigation mit der Alexa App

Die Alexa App verfügt über eine Navigationsleiste im unteren Bereich, auf der sich drei Schaltflächen befinden. Die Home-Taste ist links angeordnet und bringt Sie auf die Startseite, wo Sie Ihre Interaktionen verfolgen können. Der Sprechblasen-Button in der Mitte ermöglicht Ihnen das Senden von Nachrichten an Echo Spot. Tippen Sie auf diese Schaltfläche, erscheint im oberen Bereich die Drop-In-Funktion. Echo Spot wird aufgerufen, sodass Sie mit den Personen kommunizieren können, die sich in der Nähe von Echo Spot befinden. Die rechte Schaltfläche dient zur dynamischen Darstellung von Musik. Tippen Sie darauf, sehen Sie, welche Lieder gerade über Echo Spot laufen oder welche Titel danach kommen.

Probieren Sie es aus

Wollen Sie wissen, ob alles richtig funktioniert, dann gehen Sie auf "Zum Ausprobieren". Diese Funktion bietet Ihnen zahlreiche Möglichkeiten. Sie können hier bereits probieren, wie Ihre ersten Befehle per Sprache funktionieren, Musik abrufen, Nachrichten abfragen oder Kontakte per Drop-In aufbauen.

7. Musik über Echo Spot abspielen

Eine nützliche Funktion, die Sie über Echo Spot nutzen können, ist das Abspielen von Musik. Echo Spot bietet Ihnen Zugriff auf Amazon Music, Spotify und TuneIn. Mit Amazon Music können Sie über das Display Songtexte anzeigen lassen. Auch Cover von Alben können Sie aufrufen und anzeigen lassen. Ebenso können Sie Playlists und benutzerdefinierte Sender aufrufen. Mit Ihrer Stimme steuern Sie Echo Spot auch, um Zugriff auf Spotify oder TuneIn zu erhalten und dort Ihre Musik auszuwählen. Sie sagen Alexa, von welchem Dienst sie Musik spielen soll. Da Echo Spot bluetoothfähig ist, können Sie auch auf andere Musikdienste zugreifen, beispielsweise Apple Music, und die Musik dann von Smartphone oder Tablet streamen. Mit Amazon Music Unlimited haben Sie Zugriff auf mehr als 40 Millionen Songs. Dieser Dienst ist kostenpflichtig und bietet Ihnen nicht nur Musik, sondern auch aktuelle Nachrichten über Spiele der Bundesliga, der 2. Bundesliga und Spiele der Europa League sowie der Champions League mit deutscher Beteiligung. Amazon Music Unlimited ist für Amazon Prime Mitglieder zu einem günstigeren Abo-Preis verfügbar. Verschiedene Jahresabos stehen zur Auswahl.

Um Ihre Lieblingsmusik hören zu können, müssen Sie mit der Alexa App im Menü „Einstellungen" unter „Musik & Medien" gehen. Dort können Echo Spot mit den kompatiblen Musik- und Medien-Diensten verbinden. Bei einigen Diensten können Sie verschiedene Einstellungen und Voreinstellungen verändern.

Mit Sprachbefehlen erfüllt Ihnen Alexa Ihre Musikwünsche. Die Möglichkeiten sind vielfältig:

- „Alexa, spiel Klassik"
- „Alexa, spiel Aufwachmusik"
- „Alexa, spiel Jazzradio von TuneIn"
- „Alexa, spiel Glasperlenspiel"
- „Alexa, spiel Skyfall von Adele"
- „Alexa, lauter"

So steuern Sie Musik über Echo Spot mit Amazon Music Unlimited

Mit Echo Spot können Sie nicht nur Ihre Lieblingslieder finden und die Texte dazu anzeigen lassen, sondern Sie können auch die Songs aufrufen, wenn Ihnen Liedzeilen dazu einfallen, Sie aber nicht den Titel wissen. Um das Lied abzuspielen, sagen Sie „Alexa, spiel das Lied mit dem Text ich seh doch ganz genau, dass du eigentlich was Anderes brauchst" – und schon erhalten Sie Glasperlenspiel mit dem Titel „Geiles Leben". Ihre Musik können Sie auch nach Stimmungslage auswählen, vielleicht: „Alexa, spiel Musik zum Kuscheln" – was dann kommt, ist Kuschelrock. Möchten Sie eine Zeitreise machen, dann bitten Sie Alexa, Musik aus den 1980ern oder aus den 1960ern zu spielen. Das klappt natürlich auch mit der Neuen Deutschen Welle, indem Sie sagen „Alexa, spiel Neue Deutsche Welle". Kennen Sie einen Titel nicht, aber möchten Sie Musik eines bestimmten Künstlers hören, dann sagen Sie „Alexa, spiel das neueste Album von Adele."

Was ist los beim Fußball?

Die smarte Mitbewohnerin Alexa wird zu Ihrer Fußballexpertin, wenn es um Bundesliga, 2. Bundesliga, den DFB-Pokal und um Spiele in der Champions League sowie Europa League mit deutschen Mannschaften geht. Fragen Sie beispielsweise: „Alexa, wie hat RB Leipzig gespielt?". Sie können auch Kommentare zu einzelnen Spielen abfragen.

Musikgenuss mit Prime Music

Sind Sie Amazon Prime Kunde, können Sie mit Echo Spot auf mehr als 2 Millionen Songs bei Prime Music zugreifen. Sie genießen Ihr ganz persönliches Radio, bekommen Playlists angezeigt, die Sie abspielen können, und können auch die Bundesliga live erleben.

Sie können auch Musik hochladen, die Sie in Ihrer persönlichen Musikbibliothek bei Amazon hinterlegt haben. Sie fordern dafür Alexa auf, die Musik hochzuladen.
Selbstverständlich können Sie Ihre Musik auch von Ihrem Mobilfunkgerät auf Echo Spot streamen. Sie müssen dazu Ihr Mobilfunk-Gerät in den Bluetooth-Pairing-Modus schalten und es in Reichweite von Echo Spot legen. Mit dem Kommando "Koppeln" können Sie Echo Spot mit Ihrem Mobilfunkgerät koppeln. Mit dem Kommando "Abbrechen" können Sie den Pairing-Modus wieder beenden. Um Ihr Mobilfunkgerät zu trennen, sagen Sie "Trennen."

Besitzen Sie mehrere Echo-Geräte, können Sie Musik auf mehreren Geräten streamen. Das funktioniert nicht nur mit Echo Show und Echo Spot, sondern auch mit den einfacheren Echo-Geräten der Reihe Echo und Echo Dot. Dabei haben Sie Zugriff auf Amazon Unlimited, Amazon Music, Prime Music und auch auf Drittanbieter wie TuneIn und Spotify. Um Musik auf mehreren Geräten zu streamen, gehen Sie folgendermaßen vor:

1. Menü Smart Home auswählen
2. "Gruppen" und dann "Gruppe erstellen" wählen
3. Multiroom Musik-Gruppe wählen
4. Voreingestellte Gruppen aus Dropdown-Menü mit voreingestellten Gruppennamen wählen oder Ihren eigenen Gruppennamen erstellen mit "Benutzerdefinierter Name"
5. In der Gruppe enthaltene Geräte wählen und auf "Gruppe erstellen" gehen

Haben Sie diese Funktion aktiviert, können Sie Musik auf die ausgewählten Geräte streamen, indem Sie sagen "Spiele (Ihre Musikauswahl) auf (Gruppenname)ab". Es ist nicht möglich, unterschiedliche Musik auf die verschiedenen Geräte der Gruppe abzuspielen. Möchten Sie das tun, benötigen Sie ein Familienabo bei Amazon Unlimited.

Echo Spot können Sie mit Bluetooth-Lautsprechern koppeln, indem Sie

- Echo Spot und Bluetooth-Lautsprecher mindestens einen Meter entfernt voneinander aufstellen
- Bluetooth-Lautsprecher einschalten und die Lautstärke erhöhen
- andere Bluetooth-Geräte von Echo Spot trennen, da Echo Spot immer nur mit einem Bluetooth Gerät verbunden sein kann.

Sie benötigen Bluetooth-Lautsprecher, die für Echo-Geräte zertifiziert sind, um beste Ergebnisse zu erhalten. Diese Lautsprecher müssen sich mit anderen Geräten, beispielsweise Mobilfunkgeräten, verbinden lassen.
Für die Verbindung mit Echo Spot schalten Sie auf dem Bluetooth-Lautsprecher den Pairing-Modus ein. Auf dem Bildschirm von Echo Spot wählen Sie "Einstellungen". Anschließend wählen Sie Bluetooth aus. Erkennt Echo Spot den Bluetooth-Lautsprecher, wird er in der Liste angezeigt. Um eine Verbindung herzustellen, müssen Sie den Anweisungen folgen.

Wünschen Sie sich einen richtig guten Sound, dann verbinden Sie Echo Spot mit dem Audio-Kabel mit externen Lautsprechern und integrieren Alexa in Ihr Heimkino-System.

8. Videos über Echo Spot abspielen

Nicht nur Musik, sondern auch Videos können Sie mit Echo Spot abspielen. Das ist direkt auf Echo Spot möglich, doch können Sie das Gerät auch über Bluetooth mit dem PC verbinden und die Videos auf dem Desktop des PCs anzeigen lassen. Sie haben Zugriff auf YouTube und auf Movie Trailer, doch können Sie auch auf Amazon Video und Amazon Prime Video zugreifen.
Möchten Sie auf Videos zugreifen, können Sie das wieder über den Menüpunkt „Musik & Medien". Anschließend können Sie Echo Spot mit den verschiedenen Streaming- und Videodiensten verbinden, indem Sie sagen, von welchem Dienst Alexa die Videos abspielen soll. Sie können das entsprechende Video auswählen.
Möchten Sie Filme aus aller Welt und vielfältige Serien unbegrenzt empfangen, können Sie Amazon Prime Kunde werden, um bei Amazon Prime auf eine Vielzahl an Videos zuzugreifen. Über Amazon Prime können Sie sich auch auf Prime Photos zugreifen und Ihre Fotos anzeigen lassen. Möchten Sie Ihre Fotos sehen, dann sagen Sie: „Alexa, zeige mir meine Fotos."
Genau wie bei Musik können Sie auch für Ihre Videos Bibliotheken erstellen, um Ihre Lieblings-Videos immer wieder anschauen zu können.

Das Abspielen von Videos funktioniert auch von mobilen Geräten, genau wie das Abspielen von Musik. Sie müssen dafür Ihr mobiles Gerät wieder mit Bluetooth Pairing mit Echo Spot verbinden und dann die entsprechenden Videos von Ihrem Mobilfunkgerät auswählen.

Die tägliche Zusammenfassung von Nachrichten können Sie per Video anzeigen lassen. Fragen Sie Alexa nach der Videozusammenfassung von ZDF oder Tagesschau. Unter dem Menüpunkt „Tägliche Zusammenfassung" gehen Sie auf „Mehr Inhalt für die tägliche Zusammenfassung erhalten" und auf die Videozusammenfassung. Dort können Sie den entsprechenden Anbieter auswählen, um alles Wichtige des Tages per Video anzuschauen.

Beim Vollbild-Modus zeigt Echo Spot Bildausschnitte an. Auf Kommando können Sie die Bilder verkleinern, um alles anzeigen zu lassen.

Wünschen Sie sich eine perfekte Tonqualität für Ihre Videos, können Sie, wenn Sie kein anderes Gerät mit Bluetooth verbunden haben, Bluetooth-Lautsprecher nutzen. Betrachten Sie die Videos via Bluetooth am PC, dann können Sie alternativ dazu Lautsprecher über den 3,5-mm-Anschluss verwenden.

9. Bücher über Echo Spot abspielen

Das kleine Multitalent Echo Spot kann noch mehr. Sie können auch Bücher über Echo Spot abspielen. Hier haben Sie Zugriff auf Audible und Kindle Book. Zum Abspielen der Bücher wählen Sie den Menüpunkt „Musik & Medien".

Audible überzeugt mit professionell erzählten Hörbüchern, die Sie mit der ganzen Familie über Echo Spot hören können. Möchten Sie die aktuelle Wiedergabeposition in Ihrem Hörbuch nachverfolgen, können Sie von Whispersync profitieren, das von Alexa unterstützt wird. Mit der Wiedergabe Ihres Hörbuchs auf Echo Spot können Sie beginnen, doch können Sie auch denselben Titel auf einem anderen kompatiblen Amazon-Gerät an einer anderen Position fortsetzen.
Möchten Sie ein Hörbuch kennenlernen, das Sie noch nicht besitzen, dann fragen Sie Alexa einfach danach. Sie erhalten eine kurze Hörprobe des Buchanfangs.

Echo Spot unterstützt keine Statistiken und Trophäen, Audio-Abos für Zeitungen und Zeitschriften sowie Lesezeichen und Notizen. Die Steuerung der Sprechgeschwindigkeit ist mit Echo Spot nicht möglich.

Mit den entsprechenden Kommandos

- „Lese (Titel) vor"
- „Spiele das Hörbuch ab (Titel)"
- „Spiele (Titel) über Audible"

können Sie Hörbücher anhören.

Um das Hörbuch anzuhalten, sagen Sie „Anhalten".
Sie können auch zum nächsten oder zum vorherigen
Kapitel springen, indem Sie sagen „Nächstes Kapitel"
oder „Vorheriges Kapitel". Mit dem Befehl „Gehe zu
Kapitel (Nr.)" wechseln Sie zu einem bestimmten
Kapitel. Möchten Sie ein Kapitel neu starten, dann
sagen Sie „Neustart". Um Hörbücher zum Einschlafen
zu hören, können Sie einen Einschlaf-Timer einstellen
und dafür den entsprechenden Befehl „Stelle einen
Einschlaf-Timer für (Minuten)" verwenden. Um das
Vorlesen des Buches zu beenden, sagen Sie „Höre in
(Minuten) auf, das Buch zu lesen.

Echo Spot bietet Ihnen auch Zugriff auf Kindle
eBooks. Sind Sie dabei, ein Kindle eBook mit einem
anderen Amazon-Gerät zu lesen, kann Echo Spot dort
mit dem Lesen fortfahren, wo Sie mit dem anderen
Gerät aufgehört haben. Echo Spot wendet beim
Vorlesen der Kindle eBooks die Text-to-Speech-
Technologie an, so wie sie auch bei
Nachrichtenartikeln, Kalenderereignissen und
Wikipedia-Artikeln genutzt wird.
Echo Spot gewährt Ihnen Zugriff auf Bücher, die Sie
im Kindle-Shop erworben oder in der Kindle-
Leihbücherei, über Kindle Unlimited oder Prime
Reading ausgeliehen haben. Auch hier kann die

Sprechgeschwindigkeit nicht gesteuert werden. Sie haben mit Echo Spot keinen Zugriff auf Comics und Bilderbücher.

Die Sprachsteuerung erfolgt ähnlich wie bei Audible, indem Sie sagen „Spiele das Kindle Buch (Titel)". Um anzuhalten, zu überspringen oder fortzusetzen, verwenden Sie die Befehle „Anhalten", „Überspringen", „Anhalten".

Die zugelassenen Bücher können Sie in der Alexa App finden. Im Menü wählen Sie „Musik & Bücher" und gehen dann unter „Bücher" auf „Kindle". Nun können Sie aus dem Dropdown-Menü eines der verfügbaren Geräte und dann den Titel auswählen.

10. Listen erstellen mit Echo Spot

Alexa ist Ihre persönliche Assistentin und hilft Ihnen, dass Sie nichts vergessen. Mit Echo Spot können Sie Einkaufslisten und To Do Listen erstellen. Fällt Ihnen gerade ein Artikel ein, den Sie kaufen möchten, dann bitten Sie Alexa, diesen Artikel hinzuzufügen. Das können Sie auch, wenn Ihnen noch eine wichtige Tätigkeit einfällt, die Sie ausführen müssen. Um Ihre Listen zu erstellen, müssen Sie sich in der Alexa App anmelden. Möchten Sie Ihre Listen anschauen, melden Sie sich ebenfalls über die Alexa App an. Schicken Sie eine Person, die in Ihrem Haushalt lebt, mit der von Ihnen erstellten Einkaufsliste zum Einkaufen, dann nutzt diese Person die Alexa App und sieht die Liste. Setzen Sie einen weiteren Artikel auf die Liste, dann sieht die Person, die Einkauft, in Echtzeit den neuen Artikel auf der Liste.

Um eine Einkaufsliste oder To Do Liste zu erstellen, gehen Sie im Menü Ihrer Alexa App oder direkt im Menü bei Echo Spot auf „Listen". Eine Einkaufsliste können Sie auch über die Amazon-Webseite erstellen. Auch Listen von Drittanbietern können Sie mit Echo Spot verknüpfen. Sie haben dann Zugriff auf die Apps der Drittanbieter. Verwenden Sie Listen auf Ihrem Smartphone oder Tablet, können Sie die Listen unabhängig von einer Internetverbindung anschauen. Nicht nur Sie selbst, sondern auch andere Erwachsene, die in Ihrem Haushalt leben, können Elemente zu Ihren Listen hinzufügen oder die Listen bearbeiten.

Per Sprachsteuerung können Sie über Echo Spot die Listen erstellen. Möchten Sie eine Einkaufsliste erstellen, sagen Sie beispielsweise „Füge Kaffee zu meiner Einkaufsliste hinzu" oder „Setze Brot auf meine Einkaufsliste". Genauso können Sie Ihre Liste abfragen, indem Sie sagen „Was steht auf meiner Einkaufsliste?" Die Liste können Sie beliebig erweitern.

Möchten Sie eine To Do Liste erstellen, gehen Sie auf ähnliche Weise vor, indem Sie sagen „Setze Fenster putzen auf meine To Do Liste" oder „Füge Erdbeeren ernten zu meiner To Do Liste hinzu". Ihre To Do Liste fragen Sie ab, indem Sie sagen „Was steht auf meiner To Do Liste?"

Ihre Listen können Sie über die Alexa App verwalten, indem Sie

- In der App in das Menü gehen und „Listen" wählen
- Eine Ihrer Listen auswählen
- Ihre Optionen verwalten:

Hier können Sie ein Element hinzufügen, indem Sie den Inhalt in das Textfeld eingeben und dann auf Hinzufügen gehen.
Ein Element abschließen und ein Kontrollkästchen auswählen. Um alle Elemente anzuzeigen, wählen Sie „Abgeschlossene anzeigen".
Elemente können Sie auch von der Lise löschen, indem Sie das Element wählen und das Aktionen-Menü wählen. Zum Schluss gehen Sie auf „Eintrag löschen".

Ihre Listen können Sie auch über die Startseite verwalten, indem Sie sagen „Zeige mir meine

(Einkaufsliste / To Do Liste). Erscheint Ihre Liste auf dem Bildschirm, können Sie die Artikel auswählen und bearbeiten. Die Liste können Sie auch mit der Stimme verwalten und dafür sagen „Entferne (Artikel)."

Möchten Sie Ihre Einkaufsliste in Papierform haben? Dann drucken Sie sie über die Amazon-Webseite aus. Sie öffnen dafür Ihre Liste im Webbrowser auf dem PC und nutzen die Druck-Funktion Ihres Browsers.

11. Benachrichtigungen

Ihre neue Mitbewohnerin Alexa ist eine nützliche
Helferin und sorgt dafür, dass Sie nichts vergessen.
Sie können mit ihr nicht nur Einkaufslisten und To Do
Listen, sondern auch Benachrichtigungen erstellen.

Möchten Sie mit Echo Spot Benachrichtigungen
erstellen, um nichts zu vergessen. Das funktioniert mit
der Alexa App genauso wie über das Display von
Echo Spot. Nicht nur die Erstellung, sondern auch die
Verwaltung von Benachrichtigungen ist möglich.

Um eine Benachrichtigung zu erstellen, gehen Sie
folgendermaßen vor.

1. Wählen Sie im Menü „Einstellungen".
2. Gehen Sie zu „Konto" und wählen Sie
   „Benachrichtigungen".
3. Ihre Benachrichtigungsoptionen können Sie
   unter „Amazon" sehen.
4. Mit dem Schieberegler können Sie die
   Benachrichtigungsoptionen auf An oder Aus
   stellen.

5.
Mit den visuellen Audio-Anweisungen auf Ihrem Gerät
sehen Sie, ob eine neue Benachrichtigung kommt.

Ihre Einstellungen für Benachrichtigungstöne können Sie über die Alexa App verwalten:

- Im Menü wählen Sie Einstellungen aus.
- Sie wählen Ihr Gerät aus.
- Sie wählen die Töne und den Benachrichtigungen-Abschnitt.
- Mit dem Schieberegler neben Audio können Sie Benachrichtigungstöne ein- oder ausschalten.
- Für Messaging-Benachrichtigungen können Sie benutzerdefinierte Töne einstellen.

Ihre Benachrichtigungen können Sie per Sprache prüfen.

Um zu prüfen, ob Sie neue Benachrichtigungen erhalten haben, sagen Sie „Lese meine Benachrichtigungen vor." oder „Was habe ich versäumt?"

Um zur nächsten Benachrichtigung zu gelangen, sagen Sie „Weiter", während Sie, um zur vorherigen Benachrichtigung zu kommen, „Zurück" sagen. Möchten Sie alle vorhandenen Benachrichtigungen löschen, sagen Sie „Lösche alle meine Benachrichtigungen."

Neben den Benachrichtigungen können Sie auch Timer und Wecker einstellen. Einen Timer oder Alarm können Sie bis zu 24 Stunden vorher einstellen. Ist Echo Spot nicht mit WLAN verbunden oder stummgeschaltet, klingelt der Timer oder Wecker trotzdem. Mit Echo Spot können Sie bis zu 100 Timer oder Wecker verwenden.

Timer können Sie per Sprachbefehl einstellen. Sie müssen dafür sagen „Stelle einen Timer auf (…Minuten)" Natürlich können Sie den Timer auch auf Stunden einstellen. Ist der Timer eingestellt, können Sie fragen, wie viel Zeit Sie noch haben: „Was ist die verbleibende Zeit auf meinem Timer?" Ihren Timer können Sie mit den entsprechenden Sprachbefehlen auch stoppen, stornieren oder fortsetzen.

Möchten Sie die Lautstärke für Ihren Timer verändern, gehen Sie auf Einstellungen und dann auf „Töne" sowie auf „Lautstärke für Timer und Wecker". Im Menü gehen Sie auf Timer oder Wecker. Beim Timer gehen Sie auf „Lautstärke für Timer verwalten" und verändern dann die Lautstärke. Beim Wecker können Sie auf „Lautstärke für Wecker und Standardton verwalten" und stellen dann die Lautstärke ein.

Haben Sie mehrere Timer eingestellt, können Sie diese Timer mit der Alexa App verwalten. Für Ihren Timer oder Wecker können Sie vielfältige Befehle verwenden:

- „Wecke mich um 7 Uhr morgens"
- „Stelle den Wecker auf 07:30 Uhr"
- „Stelle den Timer auf 20 Minuten"
- „Stelle einen wiederholten Alarm für Montag um 15:00 Uhr ein"
- „Auf wann ist mein Wecker gestellt?"
- „Welche Timer sind eingestellt?"
- „Welche Wecker sind für morgen gestellt?"

Ertönt der Wecker oder Timer, sagen Sie Stopp.

Ertönt der Wecker und möchten Sie noch schlummern, sagen Sie Schlummern.

Haben Sie mehrere Timer eingestellt und möchten Sie einen Timer beenden, sagen Sie „Beende den Timer für 10 Minuten".

Die können die Timer auch über die App verwalten, indem Sie im Menü Erinnerungen & Wecker auswählen und dann im Dropdown-Menü Ihr Gerät suchen. Mit dem Timer-Reiter können Sie den Status Ihres Timers sehen. Hier können Sie den Timer, den Sie verwalten möchten, auswählen und dann Pause oder Beenden auswählen.

Möchten Sie mit Ihrer Lieblingsmusik geweckt werden, können Sie die entsprechenden Einstellungen für Radiosender, Alben, Genres, Künstler oder Playlists vornehmen. Sind Sie Abonnent von Amazon Music, können Sie auch Wecker für Texte oder Stimmungen einstellen.

Um mit Ihrer Lieblingsmusik geweckt zu werden, können Sie den Zeitpunkt sagen, wann Sie geweckt werden müssen, und die Musik benennen, die Sie hören möchten. So können Sie beispielsweise sagen „Wecke mich mit Musik von Glasperlenspiel am Montag um 8 Uhr". Sie können auch sagen „Stelle einen Wecker, um Adele um 7 Uhr wiederzugeben".

Wecker können nur mit der Stimme eingestellt werden. Um mit Musik geweckt zu werden, haben Sie Zugriff auf Amazon Music, Spotify, wenn Sie ein Abo abgeschlossen haben, sowie TuneIn.

Mit Echo Spot können Sie auch Eintragungen im Kalender vornehmen. Einen vorhandenen Kalender wie von Google, Microsoft oder Apple, können Sie mit Echo Spot verknüpfen. Sie können Alexa nach Ereignissen auf Ihrem Kalender fragen. Echo Spot unterstützt die Kalender

- Apple iCloud Kalender
- Google – Gmail- oder G Suite Kalender
- Microsoft Office 365 Kalender
- Microsoft Outlook.com Kalender.

Um Ihren Kalender zu verknüpfen, müssen Sie die Alexa App starten, das Menü öffnen und auf Einstellungen gehen. Hier wählen Sie Kalender aus. Sie wählen aus der Liste Ihr Kalender-Konto aus. Mit der Option Verknüpfen folgen Sie den Bildschirmanweisungen, um den Zugriff auf Ihren Kalender zu gewährleisten. Haben Sie die Verknüpfung vorgenommen, können Sie aufgefordert werden, den Zugriff für Alexa auf bestimmte Konten wie Zuhause, Familie, Erinnerungen oder Arbeit festzulegen. Sie können nach den anstehenden Terminen fragen und weitere Ereignisse in Ihrem Kalender hinzufügen. Sie können nach dem nächsten Termin fragen, indem Sie sagen „Wann ist mein nächster Termin?" oder „Was steht für morgen in meinem Kalender?" „Was steht für Montag in meinem Kalender?" Um einen Termin hinzuzufügen, sagen Sie „Füge (Termin) für (Tag) um (Uhrzeit) zu meinem Kalender hinzu.
Echo Spot bietet vielfältige Möglichkeiten, um über Timer, Wecker und Kalender Termine zu erstellen und zu verwalten. Da Sie nach den verschiedenen Terminen fragen können, laufen Sie nicht die Gefahr, wichtige Termine zu vergessen oder Termine doppelt zu erstellen.

12. Alexa Skills

Alexa ist Ihre perfekte Assistentin, denn sie ist lernfähig und verfügt über Skills. Diese Skills können Sie im Laufe der Zeit erweitern. Mehrere Tausend Skills sind bereits vorhanden. Ständig kommen neue Skills hinzu. Diese Skills sind verschiedene Anwendungen, die mit Apps für ein Smartphone vergleichbar sind. Es handelt sich dabei um verschiedene Funktionen. Mit den Skills können Sie die beste Bahnverbindung mit der Deutschen Bahn herausfinden oder Rezepte über den Chefkoch erhalten. Möchten Sie wissen, welche Skills vorhanden sind, können Sie einfach Alexa fragen und die Skills aktivieren. In der Alexa App können Sie Bewertungen zu den Skills abrufen, die von anderen Kunden stammen.

Die Skills sind in 20 verschiedene Kategorien eingeteilt. Mit dem Radio Player Skill können Sie nach Ihrem Lieblings-Radiosender fragen und ihn abspielen lassen oder
Vorschläge erhalten. Sie haben auch Zugriff auf Radiosender außerhalb Ihrer Region. Wohnen Sie beispielsweise in München, können Sie auf nord- oder mitteldeutsche Radiosender zugreifen. Mit dem Donnerwetter Skill können Sie Naturgeräusche wie Regen hören. Das Fernsehprogramm Skrill gewährt Ihnen eine 14-tägige Vorschau für das Fernsehprogramm. Sie können Sendungen nach Sender oder Genre suchen.

Skills können Sie für Bildung und Nachschlagewerke, Dienstprogramme, Essen und Trinken, Film und Fernsehen, Gesundheit und Fitness, Heimdienste,

Kommunikation, Lifestyle, Lokales, Musik und Audio, Nachrichten, Neuheiten und Humor, Produktivität, Reise und Transport, Shopping, Smart Home, Soziale Netzwerke, Spiele, Quiz und Zubehör, Sport, vernetztes Auto, Wetter oder Wirtschaft und Finanzen abfragen.

Möchten Sie immer wissen, welche Skills aktuell sind, dann können Sie sagen „Alexa, welche Skills sind im Trend?" Die aktuellsten und beliebtesten Skills werden Ihnen angezeigt. Sie können nach topaktuellen Skills fragen, die Skills nach Thema wählen, beispielsweise „Alexa, lass uns spielen", „Alexa, welche Smart Home Skills hast du?" oder „Alexa, was sind die News?" In jeder Woche gibt es einen Skill der Woche, den Sie abfragen können. Sie müssen dafür fragen „Alexa, was ist der Skill der Woche?" Skills für individuelle Nachrichten werden über Nachrichtensender im Radio oder TV, aber auch über Online-Nachrichtenmagazine angeboten. Mit den Skills können Sie Lebensweisheiten, Rezepte, Tipps zum Einschlafen und vieles mehr erhalten. Ständig wird die Auswahl an Skills erweitert. Nahezu täglich kommen neue Skills hinzu.

13. Smart Home

Der Trend in deutschen Haushalten geht zu Smart Home. Der Haushalt wird mit dem Internet der Dinge vernetzt. Viele Haushaltsgeräte, aber auch Jalousien, Heizung und die Videoüberwachung des Grundstücks können in Smart Home integriert werden. Echo Spot ist der perfekte Partner zur Steuerung von Smart Home. Mit Echo Spot können Sie die Live-Kameraübertragung von Ihrem Grundstück oder aus dem Babyzimmer anschauen, um mehr Sicherheit zu bekommen. Auch das Thermostat der Heizung können Sie steuern. Bequem vom Sofa aus dimmen Sie mit Echo Spot das Licht oder setzen den Raum mit einer anderen Farbe der LED-Beleuchtung in ein anderes Licht. Mit einem einzigen Sprachbefehl lassen sich mehrere Geräte zu geplanten Zeiten steuern. Gehen Sie zu Bett, können Sie auf diese Weise die Heizung herunterregeln und das Licht ausschalten.

Mit Echo Spot können vielfältige Smart-Home-Geräte wie Lampen, Stecker, Thermostate oder Kameras gesteuert werden. Smart Home lässt sich mit kompatiblen Geräten beliebig erweitern. Alle diese Geräte, auch solche, die neu integriert werden, können mit Echo Spot gesteuert werden. Starterkits sind schnell eingerichtet. Verschiedene Marken wie Innogy, Philips Hue, Tado, Arlo, Bosch, TP-Link, WeMo, Home Connect, Osram Lightify oder Magenta Smart Home haben den Trend erkannt und bieten kompatible Geräte für Smart Home an.

Smart Home macht vor keinem Bereich von Haushalt und Wohnung halt. Immer mehr intelligente Geräte kommen auf den Markt. Beleuchtung und Steckdosen, Thermostate und Zentralheizungen, Videoüberwachung und Bewegungsmelder, Entertainment, Küche, Garten und Elektronik können in Smart Home integriert und mit Echo Spot gesteuert werden. Möchten Sie die Geräte mit Echo Spot steuern, müssen Sie beim Kauf darauf achten, dass sie Alexa-kompatibel sind.

Die Anbindung von Smart Home an Alexa

Um Smart Home mit Echo Spot steuern zu können, muss die Anbindung erfolgen. Sie sollten sich, bevor Sie das Smart-Home-Skill bei Echo Spot aktivieren, zuerst die Sicherheitsinformationen für Smart Home mit Alexa durchlesen, die beim entsprechenden Gerät vorhanden sind.

Über die Alexa App aktivieren Sie zuerst das Skill für das Gerät. Unter den vielfältigen Skills von Alexa ist eine Gruppe von Skills für Smart Home vorhanden. Zusätzlich müssen Sie eventuell Ihr Konto beim Gerätehersteller mit Alexa verknüpfen. Viele Smart Home-Geräte lassen sich einfach mit Echo Plus verbinden. Die Anbindung an Alexa funktioniert nur, wenn das Gerät mit Alexa kompatibel ist. Die Einrichtung für Ihr Smart Home-Gerät schließen Sie mit der Hersteller-App für das Gerät oder über die Webseite ab. Das Gerät müssen Sie mit dem gleichen WLAN-Netzwerk verbinden, mit dem auch Echo Spot verbunden ist. Den Prozess schließen Sie ab, indem Sie die Alexa App auf Ihrem Mobilfunkgerät laden oder den Webbrowser Ihres PCs verwenden. Für Ihre Geräte müssen Sie alle verfügbaren Software-Updates herunterladen und installieren.

Um eine Verknüpfung über die Alexa App vorzunehmen, gehen Sie folgendermaßen vor:

1. Sie wählen Skills im Menü aus
2. Sie geben den Suchbegriff ein, um den Skill für das entsprechende Gerät zu finden, und gehen dann auf Skill aktivieren
   Ist kein Skill für das Gerät vorhanden, ist das Gerät eventuell nicht Alexa-kompatibel. Ist das Gerät Alexa-kompatibel, können Sie das Gerät ohne Skill aktivieren.
3. Den Prozess schließen Sie ab, indem Sie den Anweisungen auf dem Bildschirm folgen.
4. Sie sagen „Meine Geräte anzeigen", um das entsprechende Gerät zu suchen. Das funktioniert auch in der Alexa App unter Smart Home, wenn Sie auf Gerät hinzufügen gehen.

War die Suche erfolgreich, können Sie das Gerät nun mit Echo Spot steuern.

Ist kein Skill für Ihr Gerät vorhanden, können Sie Smart Home-Geräte auch ohne Skill finden. Verschiedene Geräte wie Philips Hue-Geräte funktionieren ohne Skill. Sie benötigen dafür die V1 Hue Bridge (kreisförmig). Bevor Sie Alexa bitten, das Gerät zu suchen, müssen Sie die Taste auf der Bridge betätigen.

So verwenden Sie Ihr Smart Home-Gerät mit Echo Spot

Möchten Sie mehrere Geräte gleichzeitig mit Echo Spot steuern, müssen Sie dafür eine Gerätegruppe erstellen. Einzelne Geräte können Sie einfach per Sprachbefehl steuern, ohne Ihren Platz im Zimmer verlassen zu müssen. Hier sind einige Befehle zur Steuerung der Geräte:

Um ein Gerät ein- oder auszuschalten, sagen Sie „Schalte (Smart Home-Geräte- oder Gruppenname) ein/aus."

Um die Helligkeit einer kompatiblen Lampe einzustellen, sagen Sie „Erhelle/dimme (Smart Home-Gerät/Gruppenname)".

Bei den kompatiblen Lampen können Sie mit Echo Spot die Farbe anpassen. Wünschen Sie eine bestimmte Farbe, sagen Sie beispielsweise „Schalte das Licht auf Blau."
Möchten Sie für kompatible Lampen Weißtöne festlegen, können Sie sagen „Mache das Licht wärmer" oder „Schalte das Licht auf weiches Weiß".

Ist ein Ventilator in Smart Home integriert, können Sie die Geschwindigkeit verändern, indem Sie sagen „Stelle meinen Schlafzimmerventilator auf (…Prozent)".

Bei einigen Smart Home-Geräten müssen Sie, bevor Sie den eigentlichen Befehl erteilen, sagen: „Öffne (Skill)". Mit einigen Skills können weitere Geräteaktionen unterstützt werden.

So erstellen Sie eine Gerätegruppe

Möchten Sie mehrere Geräte mit einem einzigen Sprachbefehl steuern, müssen Sie eine Gerätegruppe erstellen. Das funktioniert folgendermaßen über die Alexa App:

1. Wählen Sie im Menü Smart Home aus
2. Gehen Sie auf Gruppen
3. Gehen Sie auf Gruppe hinzufügen und wählen Sie einen der Gruppen-Typen
   Smart Home-Gruppe: Hier können Sie Geräte aktivieren oder deaktivieren bzw. sperren oder entsperren.
   Multiroom Musikgruppe: Sie können die gleichen Musik-Sender, ein Lied oder eine Playlist auf kompatiblen Geräten streamen.
4. Geben Sie Ihrer Gruppe einen Namen oder wählen Sie aus der Liste „Häufig benutzte Namen" einen Namen aus. Sie sollten dabei auf folgendes achten:
   Der Name der Gruppe muss wiedererkennbar sein, um von Alexa identifiziert zu werden.
   Der Name darf nur aus wenigen Silben bestehen.
   Haben Sie mehrere Gruppen erstellt, müssen Sie jeder Gruppe einen anderen Namen zuweisen. Sie sollten Namen vermeiden, die mit dem gleichen Wort beginnen.
5. Wählen Sie die Smart-Home-Geräte, die Sie in die Gruppe integrieren möchten, und gehen Sie auf Hinzufügen.

Die von Ihnen erstellte Gruppe können Sie bearbeiten. Sie gehen dazu in der Alexa App auf Smart Home und dann auf Gruppen. Hier können Sie die Gruppe, die Sie bearbeiten möchten, auswählen. Mehrere Optionen stehen Ihnen dort zur Verfügung:

- Gruppenname: Hier können Sie den Gruppennamen bearbeiten und dazu auf Name bearbeiten gehen. Sie können einen Namen vergeben oder aus der Liste „Häufig benutzte Namen" auswählen.
- Geräte hinzufügen / entfernen: Um ein Gerät hinzuzufügen oder zu entfernen, klicken Sie auf das entsprechende Kästchen.
- Gruppe löschen: Hier können Sie eine gesamte Gruppe entfernen und dazu auf das Papierkorb-Symbol klicken.

So verwenden Sie die Smart Home Kamera mit Echo Spot

Möchten Sie eine Smart Home-Kamera verwenden, müssen Sie sie mit Alexa verbinden. Die Kamera können Sie mit der App oder mit der Webseite des Herstellers einrichten. Die Kamera müssen Sie zusätzlich mit dem Internet verbinden. Um eine gute Leistung zu erzielen, sollten Sie das WLAN-Netzwerk verwenden, das auch mit Echo Spot, dem Fire-Tablet und dem Amazon Fire TV-Gerät verbunden ist.

Die Kamera können Sie über die Alexa App mit Echo Spot verbinden, indem Sie im Menü auf Einstellungen gehen. Im Shop können Sie den Skill für die Kamera suchen. Hier gehen Sie auf Aktivieren und folgen den Anweisungen auf dem Bildschirm, um Ihr Konto beim

Kamerahersteller mit Echo Spot zu verbinden. Sie wählen nun Gerät hinzufügen. Echo Spot sucht nach der Kamera. Das funktioniert auch, indem Sie sagen „Erkenne meine Geräte". Wurde die Kamera gefunden, erscheint sie in der Alexa App unter Geräte.

Ihre Kamera können Sie auf Fire Tablets, Fire TV oder Echo Spot anzeigen lassen. Sie müssen dazu Alexa bitten, die Kamera anzuzeigen. Um die Kamera auf Fire TV anzeigen zu lassen, müssen Sie die Sprachtaste auf der TV-Fernbedienung oder auf der Fernbedienungs-App drücken und dann Alexa auffordern, die Kamera zu zeigen.

Möchten Sie einen Kamera-Feed anzeigen lassen, müssen Sie den Namen verwenden, den Sie Ihrer Kamera zugewiesen haben. Für die Anzeige eines Feeds gehen Sie in der Alexa App auf Smart Home und dann auf Geräte. Um einen Feed abzurufen, sagen Sie „Zeige (Kameraname)". Um die Kamera zu verbergen, sagen Sie „Verberge (Kameraname)". Einen Feed können Sie stoppen, indem Sie sagen „Stopp die Kamera (Kameraname)". Wie lange ein Feed gestreamt werden kann, hängt von der jeweiligen Kamera ab.

So verwalten Sie Ihre Smart Home-Geräte

Haben Sie die Smart Home-Geräte an Echo Spot angeschlossen, können Sie sie über die App unter dem Menüpunkt Smart Home verwalten. Das funktioniert nicht nur zu Hause, sondern auch aus der Ferne. Schalten Sie Echo Spot aus, werden Smart Home-Geräte nicht entfernt. Schalten Sie Echo Spot wieder ein, werden die Smart Home-Geräte sofort wiedererkannt.

Möchten Sie ein Gerät entfernen, steuern Sie den Menüpunkt zum Entfernen von Geräten an. Um ein Gerät komplett von Echo Spot zu trennen, müssen Sie die Begleiter-App des Herstellers auf Ihrem mobilen Gerät öffnen und dann das Smart Home-Gerät löschen. Um das Gerät zu aktivieren, gehen Sie in der Alexa App folgendermaßen vor:

1. Menü öffnen und auf Smart Home gehen
2. Auf Geräte gehen
3. Gerät auswählen und auf Bearbeiten gehen
4. Auf Geräteeinstellungen gehen.

Hier haben Sie verschiedene Möglichkeiten:

- Anzeigename für das Gerät verändern
- Hub oder Skill anzeigen lassen, über den das Gerät gemeldet ist
- Gerät deaktivieren. Das Gerät wird vorübergehend aus Alexa entfernt. Im Bereich Deaktivierte Geräte können Sie unter Geräte das Gerät erneut auswählen, um es wieder zu aktivieren.
- Möchten Sie ein Gerät endgültig löschen, tippen Sie auf das Mülleimer-Symbol.

Haben Sie Smart Home auf Echo Spot eingerichtet und die Geräte aktiviert, ist eine einfache Steuerung der Geräte per Sprachbefehl möglich.

14. Alexa – Ihr persönlicher Assistent

Alexa ist Ihre persönliche Assistentin und verfügt über ein breites Spektrum an Funktionen. Schon bald werden Sie Alexa nicht mehr missen wollen, da Sie Ihnen Fragen beantwortet, Sie mit nützlichen Informationen versorgt, für Sie einkauft und Anrufe erledigt.

Nicht verzagen – Alexa fragen

Egal, welche Frage Sie haben, Alexa hilft Ihnen. Möchten Sie wissen, wo sich in Ihrer Nähe ein bestimmtes Restaurant oder Hotel befindet, welche Cafés in der Nähe die besten Bewertungen erhalten haben oder wo in der Nähe eine Apotheke ist, können Sie die entsprechenden Fragen stellen. Die Informationen über die Region bezieht Alexa über Yelp. Sie können beispielsweise fragen:

- „Alexa, welche indischen Restaurants gibt es in der Nähe?"
- „Alexa, welche Schuhgeschäfte sind in der Nähe?"
- „Alexa, was sind die am besten bewerteten Restaurants in der Nähe?"
- „Alexa, suche die Adresse einer Apotheke in der Nähe?"
- „Alexa, zeig mir die nächsten Kinovorstellungen"

Alexa beantwortet Ihnen nicht nur Fragen über die

Region. Sie können auch Fragen zu vielen Wissensgebieten stellen. Die Antworten bezieht Alexa aus Wikipedia. So können Sie beispielsweise fragen:

- „Alexa, wie tief ist der Bodensee?"
- „Alexa, wie lang ist der Nil?"
- „Alexa, was ist eine Unze?"

  Sie können sich auch ganze Wikipedia-Texte vorlesen lassen, beispielsweise

- „Alexa, Wikipedia, Island"
- „Alexa, Wikipedia, Mont Everest"

Alexa kann noch viel mehr, denn sie ist auch Rechner, Wörterbuch und Duden. Sie können fragen:

- „Alexa, was ist die Definition von Kryptowährung?"
- „Alexa, wie buchstabiert man Rhythmus?"
- „Alexa, wieviel sind 49 + 265?"

Alexa hilft Ihnen auch in der Küche. Sie können verschiedene Fragen stellen, Rezepte abfragen oder beim Kochen Musik hören. Sie müssen Alexa nur die entsprechenden Fragen stellen:

- „Alexa, zeig mir ein Curryrezept vom Chefkoch"
- „Alexa, wieviel Gramm sind ein Esslöffel?"
- „Alexa, stelle einen Timer auf 20 Minuten"
- „Alexa, spiel meine Playlist Pop-Hits zum Kochen"

So managen Sie den Kalender mit Alexa

Mit Alexa können Sie Ihren Kalender managen, Termine abfragen und Einträge vornehmen. In der Alexa App gehen Sie auf Kalender. Dort können Sie Kalender auswählen und Verknüpfungen vornehmen. Mit den entsprechenden Fragen und Befehlen können Sie Einträge im Kalender vornehmen, Termine abfragen und Termine löschen. Sind Sie sich nicht sicher, um welche Uhrzeit ein Termin festgelegt ist, fragen Sie nach der Uhrzeit.

Die Einrichtung und Verwaltung des Kalenders wurde bereits im Abschnitt Benachrichtigungen ausführlich beschrieben.

Wie wird das Wetter?

Mit den entsprechenden Einstellungen in Ihrer Alexa App können Sie Ihren Standort festlegen, um exakt für Ihren Standort die Wetterprognosen zu erhalten. Um die entsprechenden Informationen über das Wetter zu erhalten, sagen Sie

- „Alexa, wird es heute regnen?"
- „Alexa, wie warm wird es heute?"
- „Alexa, wie warm wird es morgen?"
- „Alexa, wie wird das Wetter am Wochenende?"

Informationen über den Verkehr

Haben Sie über die Alexa App Ihren Standort festgelegt, können Sie auch Informationen über den Verkehr abfragen. Möchten Sie wissen, wie lange Sie brauchen, um zu einem bestimmten Ziel zu gelangen, müssen Sie in die Alexa App Ihr Ziel eingeben. Alexa fragt die aktuelle Verkehrslage ab. Sie können beispielsweise fragen, wie lange Sie für Ihren Weg zur Arbeit brauchen. Um Informationen über den Arbeitsweg zu erhalten, können Sie folgende Einstellungen vornehmen:

1. Gehen Sie im Menü auf Einstellungen
2. Gehen Sie im Konto-Abschnitt auf Verkehr
3. Geben Sie Ihren Startpunkt und die Zieladresse ein und gehen Sie auf Änderungen speichern

Mit der Option Halt hinzufügen, können Sie einen Zwischenhalt auf der Strecke angeben.

Um Verkehrsinformationen zu erhalten, können Sie verschiedene Fragen stellen?

- „Wie ist der Verkehr?"
- „Wie sieht es aktuell mit dem Verkehr aus?"
- „Wie ist mein Weg zur Arbeit?"

Nachrichten hören

Für Nachrichten können Sie eine tägliche Zusammenfassung abrufen und dabei auf Tagesschau, ZDF, Spiegel online und weitere Nachrichtenanbieter zugreifen. Möchten Sie immer die aktuellen Nachrichten abrufen, gehen Sie in der Alexa App auf Tägliche Zusammenfassung. Sie können die verfügbaren Nachrichtenprogramme auswählen, von denen Sie Nachrichten hören möchten. Im Skill Store können Sie noch mehr aktuelle Nachrichten erhalten und dafür auf „Mehr Inhalt für die tägliche Zusammenfassung erhalten" gehen.
Mit der Option Reihenfolge bearbeiten legen Sie fest, welche Nachrichten Sie während der täglichen Zusammenfassung hören möchten. Um Ihre Nachrichten abzurufen, sagen Sie
„Was ist meine tägliche Zusammenfassung?" oder „Was gibt es in den Nachrichten?" Mit den Kommandos Weiter und Zurück können Sie in den Nachrichten navigieren.

Rund um den Sport

Nicht nur Nachrichten aus Politik, Gesellschaft und Weltgeschehen können Sie von Alexa erhalten, sondern Alexa versorgt Sie auch mit allem Wichtigen rund um den Sport. Ihre Sportnachrichten können Sie nach Lieblingsmannschaften filtern, indem Sie die Lieblingsmannschaften festlegen. Sie müssen dafür im Menü der Alexa App unter Sportnachrichten gehen und dort die entsprechenden Einstellungen vornehmen.

Als Prime-Kunde bei Amazon haben Sie Zugriff auf alle Spiele der Bundesliga und können nach Spielen und Ergebnissen fragen, aber auch ein vollständiges Spiel abrufen. Mit einem Abo bei Amazon Music Unlimited können Sie auf die Bundesliga und den DFB-Pokal zugreifen. Ihre aktuellen Sportnachrichten können Sie für bis zu 15 Mannschaften als Zusammenfassung abrufen. Fragen Sie Alexa, was los ist in Sachen Sport:

- „Alexa, wie hat Borussia Dortmund gespielt?"
- „Alexa, wann spielt Hertha BSC?"
- „Alexa, spiel München gegen Hamburg"
- „Alexa, spiel die Amazon Konferenz"

Shopping bei Amazon

Alexa kauft für Sie bei Amazon ein. Das ist ganz einfach per Sprachsteuerung möglich. Sind Sie Prime-Kunde bei Amazon, können Sie Nachbestellungen vornehmen. Der Spracheinkauf ist standardmäßig eingeschaltet, wenn Sie Ihren Echo Spot registriert haben. In der Alexa App können Sie Ihre Einstellungen für den Spracheinkauf einsehen und ändern. Im Menü gehen Sie dazu auf Einstellungen. Anschließend gehen Sie zu Konten und Spracheinkauf. Mit einem Schieberegler können Sie den Spracheinkauf ein- und ausschalten. Um die Zahlungsart anzeigen zu lassen und zu verwalten, gehen Sie auf Zahlungseinstellungen ansehen.

Optional können Sie mit dem Schieberegler einen Sprachcode einschalten. Ist diese Einstellung aktiviert, fragt Sie Alexa vor dem Abschluss Ihrer Einkäufe nach einem vierstelligen Bestätigungscode. Auf dem Bildschirm können Sie diesen Code eingeben und dann auf Änderungen speichern gehen. Sie sollten einen Code benutzen, der nicht bereits für andere Konten und Dienste verwendet wird.

Bestellen Sie einen Artikel bei Amazon per Spracheinkauf, sagt Ihnen Alexa, ob dieser Artikel verfügbar ist. Alexa teilt Ihnen den Namen und den Preis sowie die geschätzte Versanddauer mit. Weitere Informationen erhalten Sie in der Alexa App. Alexa fordert Sie auf, die Bestellung zu bestätigen oder zu stornieren. Findet Alexa den Artikel nicht, werden Sie gefragt, ob Sie den Artikel zum Einkaufswagen hinzufügen möchten, ob Sie Ihn zur Alexa Einkaufsliste hinzufügen möchten oder ob Sie zu weiteren Optionen in der Alexa App gehen möchten. Um zu bestellen, können Sie die entsprechenden Kommandos erteilen:

- „Alexa, bestelle Kaffee"
- „Alexa, bestelle Katzenfutter nach"
- „Alexa, füge Tee meinem Einkaufswagen hinzu"

  Ihre Bestellung können Sie nachverfolgen, indem Sie fragen

- „Alexa, wo ist meine Bestellung?"

Möchten Sie eine Bestellung stornieren, können Sie bereits nach der Aufgabe Ihrer Bestellung sagen „Bestellung stornieren". Alexa bestätigt die Stornierung der Bestellung. Sie können auch direkt über Amazon auf Meine Bestellungen gehen und dann die offene Bestellung stornieren. Bei Ihrer Bestellung markieren Sie das Kästchen für den entsprechenden Artikel, um ihn aus der Bestellung zu entfernen. Ihre Stornierung schließen Sie ab, indem Sie auf

„Ausgewählte Artikel stornieren" klicken. Nach der erfolgten Stornierung erhalten Sie eine E-Mail zur Bestätigung.

Versehentliche Bestellungen können Sie vermeiden, indem Sie für die Bestellungen mit Alexa einen Bestätigungscode anfordern.

Anrufe und Nachrichten mit Alexa

Anrufen kann mit Echo Spot kaum einfacher sein. Echo Spot bringt die Funktion Anrufe und Nachrichten mit. Sie können Personen, die über ein Echo-Gerät mit Anrufe und Nachrichten oder über die Alexa App auf ihrem Smartphone verfügen, anrufen oder Nachrichten an diese Personen senden. Das Gute daran: Ihnen entstehen keine zusätzlichen Kosten.

Haben Sie die Alexa App installiert, können Sie Ihre Telefonnummer verifizieren und Ihre Kontakte synchronisieren. Um künftig auf diese Weise mit Ihrer Familie und mit Freunden zu kommunizieren, sollten Sie diejenigen, die Sie künftig mit Alexa anrufen möchten, darüber informieren. In der Alexa App können Sie Drop In aktivieren und dann Ihre Kontakte aus dem Adressbuch auswählen, um eine Berechtigung zu erteilen. Sie müssen sich auch selbst eine Berechtigung erteilen. Diese Berechtigung gilt auch für alle anderen Personen, die in Ihrem Haushalt leben.

Um die Funktion Drop In zu verwenden, müssen Sie sich für über die Alexa App für Anrufe und Nachrichten anmelden, Drop In für einen Kontakt und sich selbst aktivieren und dann einen Kontakt Drop In für Sie selbst aktivieren lassen.

Führen Sie Drop In aus, erfolgt die Verbindung automatisch. Innerhalb der Reichweite von Echo Spot können Sie alles hören. Verwenden Sie und Ihr Gesprächsteilnehmer Echo Spot oder Echo Show, können Sie und Ihr Gesprächsteilnehmer zuerst ein Milchglas-Video sehen. Nach der Verbindung geht das Milchglas-Video in ein klares Video über. Während Ihres Gesprächs können Sie das Video ausschalten, indem Sie sagen „Video ausschalten" oder den Bildschirm antippen und dann auf Video aus tippen.

Möchten Sie nicht durch einen Anruf gestört werden, können Sie vorübergehend die Funktion „Bitte nicht stören" aktivieren. Um diese Funktion einzuschalten, sagen Sie „Bitte nicht stören einschalten". Diese Funktion können Sie deaktivieren, indem Sie sagen „Bitte nicht stören ausschalten". Sie können auch auf dem Bildschirm auf das Symbol „Bitte nicht stören" tippen. Die Funktion „Bitte nicht stören" können Sie über die Alexa App auch für bestimmte Wochentage und Uhrzeiten planen:

1. In der Alexa App auf Einstellungen gehen
2. Gerät auswählen
3. Unter „Bitte nicht stören" „Geplant" auswählen
4. Schieberegler neben Geplant stellen
5. Bearbeiten auswählen und Start- und Stopp-Zeiten ändern. Anschließend wählen Sie „Änderungen speichern" aus.

Um Anrufe mit Echo Spot zu tätigen, können Sie sagen „Alexa, ruf Klaus an". Kommt ein Anruf, den Sie annehmen möchten, sagen Sie „Alexa, nimm den Anruf an".

Mit Drop In können Sie nicht nur anrufen, sondern auch Personen in Ihrem Haushalt benachrichtigen, beispielsweise, wenn Sie zum Essen rufen möchten. Sie können auch Personen aus Ihrem Haushalt wecken. Das funktioniert folgendermaßen:

- „Alexa, Drop In in der Küche"
- „Alexa, Drop In im Wohnzimmer"

Mit Echo Spot können Sie auch Nachrichten empfangen und versenden. Um eine Sprachnachricht zu versenden, müssen Sie zuerst Alexa bitten, eine Nachricht zu senden, und dann Ihre Nachricht sagen. Das funktioniert so: „Alexa, sende eine Nachricht an Klaus." Nun können Sie sagen, was Sie Klaus mitteilen möchten. Erhalten Sie eine Nachricht, hören Sie einen Ton. Zusätzlich werden Sie über die Alexa App benachrichtigt. Um die Nachricht anzunehmen, sagen Sie „Alexa, spiel meine Nachrichten ab." Nachrichten können Sie an alle senden, die über die Alexa App verfügen oder ein Echo-Gerät besitzen. Genau wie Anrufe sind Nachrichten ohne zusätzliche Kosten möglich.

15. Problemlösungen

So vielseitig Echo Spot auch ist, können Probleme niemals völlig ausgeschlossen werden.

Ein häufiges Problem ist das WLAN. Was passiert, wenn es nicht mehr funktioniert oder zu schwach ist?

Ist das Licht Ihres Geräts orange, funktioniert WLAN nicht ordnungsgemäß. Sie sollten zu den Einstellungen in der Alexa App und dort auf WLAN gehen, um zu sehen, mit welchem WLAN-Netzwerk Echo Spot verbunden ist. Nun versuchen Sie erneut die Herstellung einer WLAN-Verbindung. Sie sollten das Netzwerkpasswort bereithalten. Sehen Sie ein Schloss-Symbol, benötigen Sie ein Netzwerkpasswort. Dieses Netzwerkpasswort unterscheidet sich vom Passwort Ihres Kundenkontos. Sie sollten versuchen, mit Smartphone oder Tablet eine Verbindung mit dem WLAN-Netzwerk herzustellen. Klappt das nicht, kann der Fehler im WLAN-Netzwerk liegen. Sie sollten sich an Ihren Internetdienstanbieter wenden.
Weiterhin können Sie die Firmware von Router oder Modem aktualisieren. Haben Sie Ihr WLAN-Passwort erst kürzlich geändert, müssen Sie zur Wiederherstellung der Verbindung Ihr WLAN-Passwort erneut eingeben.
Zur Sicherheit verwendet der Router meistens WPA und WPA2. Zur Behebung von Verbindungsproblemen sollten Sie die Sicherheitseinstellung des Routers auf WPA oder WPA2 festlegen. Verfügt Ihr Router über eine Option zur Festlegung eines Verschlüsselungstyps, sollten Sie ihn auf AES einstellen.

So reduzieren Sie den WLAN-Stau

Hängen mehrere Geräte an Ihrem WLAN, kann das zu einem WLAN-Stau führen. Sie können ihn reduzieren, indem Sie nicht verwendete Geräte abschalten und Ihren Echo Spot näher an Router und Modem platzieren. Sie sollten Gegenstände, die den Router abschirmen, entfernen. Stellen Sie Echo Spot nicht in der Nähe potenzieller Störquellen wie Babyfon oder Mikrowellenherd auf. Ist ein 5-GHz-Frequenzband vorhanden, können Sie damit eine Verbindung herstellen, damit eine schnellere Verbindung und eine größere Reichweite ermöglicht werden.

Führen Sie einen Neustart aus

Sie sollten Ihren Echo Spot und den Router neu starten. So lassen sich die meisten WLAN-Probleme schnell beheben. Zuerst schalten Sie den Router und das Modem aus und warten dann 30 Sekunden. Nun schalten Sie das Modem wieder ein und warten dessen Start ab. Nach dem Neustart des Modems schalten Sie den Router ein und warten ab, bis er startet. Echo Spot trennen Sie für drei Sekunden vom Netzteil während des Starts der Netzwerkhardware. Anschließend stellen Sie wieder eine Verbindung her. Nach dem Neustart versuchen Sie, Echo Spot wieder mit dem WLAN-Netzwerk zu verbinden.

Lässt sich keine Verbindung herstellen, sollten Sie Ihren Internetdienstleister, Routerhersteller oder Netzwerkadministrator kontaktieren.

So setzen Sie Echo Spot zurück

Reagiert Echo Spot nicht oder möchten Sie Echo Spot an jemanden weitergeben, können Sie das Gerät zurücksetzen. Das Gerät muss nach dem Zurücksetzen in einem Amazon-Konto angemeldet werden. Die Einstellungen müssen Sie erneut festlegen, um Echo Spot wieder zu verwenden.

Bei Schwierigkeiten mit Echo Spot sollten Sie einen Neustart ausführen. Viele Probleme lassen sich dabei bereits beheben. Sie sollten das Gerät dafür vom Netz nehmen und dann das Netzteil wieder anschließen.

Bei einem Neustart gehen Sie folgendermaßen vor:

- Drücken Sie mit einer Büroklammer die Reset-Taste am unteren Geräteteil. Zuerst leuchtet der Lichtring orange und dann blau.
- Der Lichtring muss sich ausschalten und wieder einschalten. Leuchtet der Lichtring orange, wird der Einstellungsmodus gewechselt.
- Verbinden Sie Echo Spot mit WLAN, indem Sie die Alexa App öffnen. Melden Sie sich in Ihrem Amazon-Konto an.

Das WLAN-Passwort zur Anmeldung von Echo Spot wird nicht gefunden

Möchten Sie Echo Spot einrichten und anmelden, müssen Sie das Gerät mit einem Drahtlosnetzwerk verbinden. Sie müssen dafür den Namen Ihres WLAN-Netzwerks und das dazugehörige Passwort kennen. Der Netzwerkname kann als SSID, Ihr Passwort als Key oder Passphrase in den Unterlagen aufgeführt werden.
Um den Netzwerknamen und das Passwort herauszufinden, sollten Sie den Aufkleber auf der Unterseite des Routers suchen oder in der Betriebsanleitung des Routers nachschauen. Auf einem Gerät, das bereits mit dem WLAN-Netzwerk verbunden ist, rufen Sie die Einstellungen zur Drahtlosverbindung auf. Ist ein Windows-PC angeschlossen, sollten Sie auf das Drahtlossymbol und dann auf den Netzwerknamen klicken. Sie gehen auf Verbunden und dann auf Eigenschaften, um unter dem Reiter Verbindung den Namen Ihres Netzwerks unter Name oder SSID anzeigen zu lassen. Unter dem Reiter Sicherheit sehen Sie Ihr Passwort neben dem Netzwerk-Sicherheitsschlüssel.
Bei einem Computer mit Mac OS X gehen Sie auf den Ordner Werkzeuge/Utilities und dann auf die App Schlüsselbund/Keychain Access. Nun klicken Sie auf den Namen Ihres Drahtlosnetzwerks und auf Info. Klicken Sie auf die Box neben Passwort anzeigen. Für die Anzeige des Passworts müssen Sie zumeist das Administratorpasswort für das Gerät eingeben.

Haben Sie weiterhin Schwierigkeiten, sollten Sie Ihren Internetdienstleister kontaktieren.

Wenn die Alexa App nicht funktioniert

Können Sie die Alexa App nicht öffnen oder erhalten Sie eine Fehlermeldung, können Sie verschiedene Lösungsansätze ausprobieren.
Sie sollten sicherstellen, dass Ihr mobiles Gerät kompatibel ist. Sie benötigen dafür als Betriebssystem iOS 8.0 oder höher, Android mindestens in der Version 4.4 oder Fire OS 3.0 oder höher. Als Webbrowser auf dem Computer benötigen Sie Safari, Firefox, Chrome, Internet Explorer mindestens in der Version 10 oder Microsoft Edge.
Ihr mobiles Gerät sollten Sie zuerst ausschalten und dann wieder einschalten, um die Alexa App zu deinstallieren. Die App beenden Sie durch einen erzwungenen Stopp. Anschließend müssen Sie die App deinstallieren und dann erneut installieren.

Wenn Smart Home-Geräte nicht erkannt werden

Wird ein Smart Home-Gerät von Alexa nicht erkannt, sollten Sie zuerst sicherstellen, dass das Gerät Alexa-kompatibel ist. Auf der Detailseite im Smart Home-Skill finden Sie eine Liste der kompatiblen Geräte. Sie sollten die Begleiter-App des Herstellers herunterladen und die Einrichtung des Geräts abschließen. Anschließend starten Sie Echo Spot und das Smart Home-Gerät erneut. In der Alexa App deaktivieren Sie den Skill für Ihr Gerät zunächst und aktivieren ihn dann erneut. Ihr Smart Home-Gerät trennen Sie über die Deaktivieren-Option unter Smart Home in der Alexa App. Nun downloaden Sie alle verfügbaren Software-Updates für Ihre Geräte, um sie zu installieren.

Wichtig ist, dass Ihr Smart Home-Gerät und Echo Spot mit demselben WLAN-Netzwerk verbunden sind. In Ihrer Alexa App gehen Sie auf Einstellungen. Dann wählen Sie Ihr Gerät aus und gehen auf WLAN aktualisieren. Um die Aktualisierung vorzunehmen, folgen Sie den Anweisungen.
Mit Ihrem Computer sollten Sie die Router-Einstellungen ändern und SSDP/UPnP auf dem Router einschalten. Sie sollten auch prüfen, ob Alexa den Gruppennamen, den Sie Ihrem Gerät zugewiesen haben, gut versteht. Um zu sehen, ob Ihr Gerät erkannt wurde, sagen Sie „Erkenne meine Geräte."

Wenn Sie von Alexa nicht verstanden werden

Versteht Alexa Sie nicht, sollten Sie das Gerät mindestens 20 cm von Wänden oder anderen Gegenständen entfernt aufstellen. Das Gerät sollte nicht in der Nähe von Mikrowellenherd oder Babyfon stehen. Steht Echo Spot auf dem Boden, sollten Sie das Gerät höher aufstellen.
Sie sollten natürlich und deutlich sprechen und das Auftreten von Hintergrundgeräuschen vermeiden. Sie sollten Ihre Fragen und Anweisungen immer präzise formulieren. In der Alexa App können Sie nachlesen, was Alexa verstanden hat. Sie sollten in der Startseite auf Mehr erfahren gehen und dort die Interaktionskarte am unteren Ende auswählen. Dort können Sie lesen, was Alexa verstanden hat.

Wenn es zu Problemen mit Bluetooth kommt

Treten Probleme mit Bluetooth auf, sollten Sie sicherstellen, dass Bluetooth unterstützt wird. Zusätzlich sollten Sie den Akku des Bluetooth-Geräts prüfen. Der Akku sollte vollständig aufgeladen sein. Sie sollten untersuchen, ob sich Störfaktoren in der Nähe befinden und diese störenden Geräte aus der Reichweite entfernen. Während des Pairings muss das Bluetooth-Gerät in der Nähe von Echo Spot platziert werden.

Kommt es zu Störungen, sollten Sie zuerst alle Bluetooth-Geräte entfernen. Sie gehen dafür in der Alexa App auf Einstellungen und wählen das Gerät aus. Nun wählen Sie Bluetooth aus und wählen ein Gerät aus der Liste. Sie gehen auf Vergessen. So gehen Sie bei allen angeschlossenen Bluetooth-Geräten vor.
Anschließend pairen Sie die Bluetooth-Geräte erneut und öffnen dazu die Einstellungen für Ihr mobiles Gerät. Sie aktiveren Bluetooth und sorgen dafür, dass sich Echo Spot in der Nähe befindet. Mit dem Befehl Koppeln wechselt Echo Spot in den Pairing-Modus. Im Menü auf Ihrem mobilen Gerät wählen Sie unter Einstellungen Echo Spot aus. Alexa sagt Ihnen, ob eine Verbindung hergestellt werden konnte.

Bei Problemen beim Streamen

Kommt es zu Problemen beim Streamen von Musik oder Hörbüchern, können Unterbrechungen der Internetverbindung oder eine geringe Bandbreite die Ursache dafür sein. Beim Streaming sollte die Übertragungsrate mindestens 512 Kbits/s betragen. Sie sollten versuchen, den WLAN-Stau zu reduzieren und Echo Spot mit einem 5-GHz-Kanal verbinden, wenn Sie über einen Dualbandrouter verfügen. Nehmen Sie einen Neustart von Echo Spot und Netzwerkhardware vor.

16. FAQ

Q: Kann ich prüfen, was ich Alexa gefragt habe?

A: Über die Alexa App können Sie auf Einstellungen und dann auf Verlauf gehen, um zu sehen, was Sie Alexa gefragt haben. Die Interaktionen mit Alexa sind in Fragen und Aufforderungen unterteilt.

Q: Wie kann ich Sprachaufnahmen löschen?

A: Um Sprachaufnahmen zu löschen, gehen Sie in der Alexa App auf Verlauf und öffnen den entsprechenden Eintrag. Anschließend gehen Sie auf Löschen.

Q: Kann die sprachgesteuerte Kauffunktion deaktiviert werden?

A: In der Alexa App gehen Sie auf Einstellungen und dann auf Spracheinkauf. Hier können Sie die sprachgesteuerte Kauffunktion deaktivieren.

Q: Wie erfolgt die Rückgabe von Produkten, die ich über Alexa bestellt habe?

A: Nicht-digitale Produkte können Sie kostenlos zurückgeben. Die Artikel, die Sie gekauft haben, können Sie wie gewohnt im Rücksendezentrum bearbeiten. Versandgebühren für die Rücksendung werden von Amazon erstattet.

Q: Von welchen Alexa-Geräten wird der Dienst Anrufe und Nachrichten unterstützt?

A: Alexa Nachrichten und Telefonanrufe können über Echo Spot, Echo Dot, Echo, Echo Show, Echo Plus und die Alexa App gesendet und empfangen werden.

Q: Kann ich mit Alexa auch Nachrichten schreiben und Notrufnummern anrufen?

A: Mit Alexa können Sie keine Nachrichten schreiben und keine Notrufnummern wie 110 oder 112 anrufen. Sie sollten daher die Erreichbarkeit der Notrufnummern mit einem Mobilfunkgerät sicherstellen.

Q: Wie kann ich Kontakte zu Anrufe und Nachrichten hinzufügen?

A: Haben Sie sich für Anrufe und Nachrichten registriert, werden Sie gefragt, o Sie die Kontakte Ihres Mobilfunkgeräts hinzufügen möchten. In der Alexa App erscheinen Ihre Kontakte, die Sie für Anrufe und Nachrichten registriert haben. Öffnen Sie die Alexa App, erfolgt eine Synchronisation der Kontakte Ihres Mobiltelefons.

Q: Wer empfängt meine Anrufe und Nachrichten?

A: Rufen Sie einen Kontakt (beispielsweise Carmen Schröder) an oder schreiben Sie ihr eine Nachricht, geht der Anruf oder die Nachricht an alle unterstützten Echo-Geräte, die mit Carmen Schröder verbunden sind. Zusätzlich erhält Carmen Schröder eine Nachricht auf ihre Alexa App.

Q: Wie schaltet Echo Spot den Bildschirm an, wenn ich den Raum betrete?

A: Der Bildschirm von Echo Spot reagiert auf Bewegungen im Sichtfeld der Kamera und schaltet den Bildschirm an. Zusätzlich wird der Bildschirm angeschaltet, wenn Sie das Aktivierungswort nennen.

Q: Wie stelle ich fest, ob Echo Spot Bilder oder Videos in die Cloud leitet?

A: Sie erhalten einen Hinweis auf dem Bildschirm, wenn Videos oder Bilder in die Cloud geleitet werden.

Q: Kann ich Mikrofon und Kamera bei Echo Spot abstellen?

A: Durch Betätigung von Mikrofon- und Kamerataste oben auf Ihrem Gerät können Sie Mikrofon und Kamera abschalten. Leuchtet die Mikrofon- und Kamerataste rot, sind Mikrofon und Kamera ausgeschaltet. Echo Spot kann nun nicht mehr auf Aktivierungswort und Bewegungen reagieren.

Bonus: 666 Sprachbefehle für Alexa

Hier ist eine Liste von Sprachbefehlen für Alexa für die unterschiedlichsten Anwendungen. Ob Helfer im Alltag, Langeweile vertreiben oder zum Spaß mit Easter Eggs - Alexa kann sehr viel.

Alltagsbefehle

1. Alexa brauche ich einen Regenschirm?
2. Alexa füge Eis meiner Einkaufsliste hinzu.
3. Alexa habe ich heute Termine auf meinem Terminkalender?
4. Alexa welches Griechische Restaurant gibt es in meiner Nähe?
5. Alexa schalte das Badezimmer Licht aus.
6. Alexa schalte das Schlafzimmer Licht an.
7. Alexa wie spät ist es?
8. Alexa welcher Tag ist heute?
9. Alexa wie weit ist es von hier nach Innsbruck?
10. Alexa füge meinem Kalender Firmentreffen für Mittwoch 18 Uhr hinzu.
11. Alexa warum sind Blätter grün?
12. Alexa auf welchem Kontinent befindet sich Dubai?
13. Alexa wie buchstabiert man Freundschaft?
14. Alexa wie hoch ist der höchste Berg?

15. Alexa wie viel ist 0 durch 0?
16. Alexa was sind Fahrenheit in Celsius?
17. Alexa wie viel ist eine Unze in Kilogramm?
18. Alexa was sind Fuß in Zentimeter?
19. Alexa wie viele Liter hat eine Galone?
20. Alexa wie heißt der Liedsänger von AC/DC?
21. Alexa was ist die Definition von Wahnsinn?
22. Alexa was ist der neuste Film von Johnny Depp?

Befehle für Medienwiedergabe

31. Alexa Wiedergabe!
32. Alexa Pause!
33. Alexa zurück!
34. Alexa Weiter!
35. Alexa Stopp!
36. Alexa Fortsetzen!
37. Alexa Neustart!
38. Alexa Trenne mein Mobiltelefon!
39. Alexa Verbinde mein Mobiltelefon!
40. Alexa Welches Lied läuft gerade?
41. Alexa Mach Lauter!
42. Alexa Mach Leiser!
43. Alexa Lautstärke auf 8!
44. Alexa Ton aus!
45. Alexa Stoppe die Musik!
46. Alexa Pause!
47. Alexa Fortsetzen!
48. Alexa Nächsten Song abspielen!
49. Alexa Endloswiedergabe"

50. Alexa Stelle den Sleeptimer in 60 Minuten!

51. Alexa Stoppe die Wiedergabe in 15 Minuten!

52. Alexa Beende den Sleeptimer!

53. Alexa Füge diesen Song hinzu! (während Prime Musik Abgespielt wird)

54. Alexa Ich mag Diesen Song! (wenn ein Song von einem Dritten Anbieter oder Radiosender abgespielt wird)

55. Alexa Ich mag diesen Song Nicht! (wenn ein song von einem Dritten Anbieter oder Radiosender gespielt wird)

56. Alexa Was gibt es für Songs von Ed Sheran?

57. Alexa Hörproben von Maroon5 !

58. Alexa Spiele etwas Prime Musik!

59. Alexa Spiele etwas Prime Musik zur "Entspannung"!

60. Alexa Spiele etwas Prime Musik zum Tanzen!

61. Alexa Spiele die Playlist "Home" ab!

62. Alexa füge diesen Song hinzu!

63. Alexa Spiele Reggae Musik auf Prime ab!

64. Alexa Spiele den Sende90 Hip Hop ab!

65. Alexa Spiele Drum n Base von Spotify!

Hörbücher Anhören mit Alexa Echo

66. Alexa Lese vor!

67. Alexa Spiele ab!

68. Alexa Spiele das Hörbuch ab!

69. Alexa Hörbuch über Audible abspielen!

70. Alexa Pause!

71. Alexa mein Hörbuch fortsetzen!

72. Alexa Gehe vor / zurück!

73. Alexa Nächstes /Vorheriges Kapitel abspielen!

74. Alexa Gehe zu Kapitel 4!

75. Alexa Höre in 20 Minuten auf das Buch vorzulesen!

76. Alexa Spiele das Kindle Buch Gemeindlich und Lässig Kochen ab.

Einkaufen mit Amazon Echo auf der Amazon Website

77. Alexa: Bestelle Kochlöffel!

78. Alexa: Bestelle Ahoibrause!

79. Alexa: Bestelle erneut!

80. Alexa: Füge Früchtetee zu meinem Einkaufswagen hinzu! (fügt eine Möglichkeit zu ihrem Einkaufswagen auf ihrer Amazon Website hinzu)

81. Alexa: Verfolge meine Bestellungen!

Wecker und Timer einstellen und verwalten

82. Alexa: Wecke mich um 4 Uhr morgens auf!

83. Alexa: Stelle den Wecker auf 4:30!

84. Alexa: Stelle den Wochenendwecker auf 11 Uhr!

85. Alexa: Stelle einen Wiederholten Wecker für Montag 4:30 Uhr!

86. Alexa: Stelle den Timer auf 5 Minuten!

87. Alexa: Wie viel Zeit ist noch bei meinem Timer über?

88. Alexa: Wie spät ist es?

89. Alexa: Wie lautet das Datum?

90. Alexa: Auf welche Uhrzeit ist mein Wecker eingestellt?

91. Alexa: Lösche den Wecker für 5 Uhr!

92. Alexa: Lösche meinen Wecker für Mittwoch!

93. Alexa: Welche Timer sind Gestellt?

94. Alexa Stopp! (Wenn Wecker oder Timer läuten)

95. Alexa: Schlummern! (wenn der Wecker euch weckt)

96. Alexa: Lösche den Timer für 10 Minuten! (wenn mehrere Timer eingerichtet wurden)

Verkehr

97. Alexa wie ist der Verkehr in Linz?

98. Alexa wie ist der Verkehr auf dem Weg zur Arbeit?

99. Alexa wie ist die aktuelle Verkehrslage?

Smart Home

100. Alexa finde meine Geräte!

101. Alexa: Schalte das Licht in der Küche an!

102. Alexa: Dimme das Licht im Kinderzimmer auf 50%!

103. Alexa: Schalte die Kaffeemaschine an!

104. Alexa: Schalte die Lüftung auf 30%!

105. Alexa: Schalte Die Außenbeleuchtung an!

106. Alexa: Stelle die Temperatur auf 25Grad ein!

107. Alexa: Senke die Temperatur im Wohnzimmer!

108. Alexa: Schalte Energie ins Wohnzimmer!

Easter Eggs

Bei den Easter Eggs handelt es sich um teilweise nicht ganz so ernst zu nehmende Befehle. Bei vielen dieser Easter Eggs gibt es mehrere Antworten und regen teilweise durchaus zum Philosophieren an.

109. Alexa: Test 1 2 3 !
110. Alexa, sag was!
111. Alexa sag was Lustiges!
112. Alexa jodel mal!
113. Alexa sein oder nicht sein?
114. Alexa möchtest du einen Schneemann bauen?
115. Alexa mach mir ein Sandwich!
116. Alexa was sagt der Fuchs?
117. Alexa wo kommen die Babys her?
118. Alexa gibt es den Weihnachtsmann?
119. Alexa, Deine Mutter war ein Hamster!
120. Alexa, Tee Earl Gray heißt!
121. Alexa wer hat zuerst geschossen?
122. Alexa ich bin dein Vater!
123. Alexa was ist der Sinn des Lebens?
124. Alexa wer ist die Schönste im ganzen Land?
125. Alexa Schere, Stein, Papier!
126. Alexa wirf eine Münze!
127. Alexa wirf einen Würfel!
128. Alexa Selbstzerstörung!
129. Alexa was macht die Nase?
130. Alexa was ist dein Lieblingsessen?
131. Alexa was ist Cola?
132. Alexa wer ist hier der Boss?
133. Alexa wer ist Siri?

134. Alexa ein Fisch zwei Fisch!

135. Alexa, wann gehst du schlafen ?

136. Alexa bist du tot?

137. Alexa wer ist Johannes Gutenberg?

138. Alexa was ist Quecksilber?

139. Alexa was ist Ikea?

140. Alexa wie viele Kalorien hat ein Big Mac?

141. Alexa tschüss!

142. Alexa öffne Dirty Talk!

143. Alexa schimpf mal!

144. Alexa Schalte den Kamin ein!

145. Alexa schalte die Kaffeemaschine ein!

146. Alexa mach mir einen Kaffee!

147. Alexa wie ist das Wetter in Bangkok?

148. Alexa wie viel kostet ein Flug nach Barcelona?

149. Alexa was kostet ein Hotel in Venedig?

150. Alexa was sind schöne Katzennamen?

151. Alexa was sind schöne Hundenamen?

152. Alexa kannst du mir nette Jungennamen sagen?

153. Alexa sag mir ein paar Mädchennamen?

Lustige Spielchen und kleine Befehle zum Zeitvertreib:

154. Alexa Hallo!

155. Alexa wie geht es dir?

156. Alexa spiele Zahlenraten!

157. Alexa erkläre mir die Regeln!

158. Alexa Glückwunsch!

159. Alexa Stopp

158. Alexa starte Computerloggbuch!

159. Alexa öffne Geo Duell!

160. Alexa starte in Asien!

161. Alexa starte Rollenspiel!

162. Alexa spiele Würfelspiel!

163. Alexa öffne mein Königreich!

164. Alexa starte Akinator!

Alexa weiß noch viel mehr:

165. Alexa wie lautet der aktuelle Kurs für den BitCoin?

166. Alexa was gibt es neues?

167. Alexa frag Google!

168. Alexa was läuft im Kino?

169. Alexa was heißt ich gehe zur Schule auf Russisch!

170. Alexa frage Fitbit wie ich geschlafen habe!

171. Alexa wer ist der Erfinder von Super Mario?

172. Alexa wie lautet die erste Regel des Fight Clubs?

173. Alexa wie lautet der Sinn des Lebens?

174. Alexa wann ist die Bundestags Wahl?

175. Alexa welche Parteien treten zu den Wahlen an ?

176. Alexa was ist die Quadratwurzel aus Pii?

177. Alexa erzähl mir einen Witz!

178. Alexa lass uns ein Spiel Spielen!

179. Alexa spiele ein Instrument?

180. Alexa was läuft im Fernsehen?

181. Alexa suche ein Rezept für Lasagne!

182. Alexa schicke eine Nachricht an Max Mustermann!

183. Alexa welche Veranstaltungen finden in meiner Nähe statt?

184. Alexa erstelle eine Erinnerung!

184. Alexa wo ist Chuck Norris?

185. Alexa was sagt eine Katze?

186. Alexa singe Happy Birthday!

187. Alexa erzähl mir einen Zungenbrecher!

188. Alexa warum ist die Banane krumm?

189. Alexa erzähl einen Flachwitz!

190. Alexa kannst du Autofahren?

191. Alexa was wünscht du dir zu Weihnachten?

192. Alexa wie heiß ist es in Dubai?

193. Alexa welche Sehenswürdigkeiten hat Österreich?

194. Alexa wie hoch ist der Eifelturm?

195. Alexa wo kommt die Milch her?

196. Alexa wie werden Gummibärchen hergestellt?

197. Alexa was ist in Schokolade enthalten?

198. Alexa wie viel kostet ein Kilo Äpfel?

199. Alexa wie alt wird ein Hund?

200. Alexa wie viele Tierarten gibt es?

201. Alexa was ist Schnee?

202. Alexa wie kalt ist Eis?

203. Alexa wie alt ist Leonardo di Caprio?

204. Alexa verfolge meine Bestellungen!

Sprachbefehle für Radio und Sender

205. Alexa spiele einen Maroon5 Sender von youtube!

206. Alexa spiele die Sendung ab!

207. Alexa spiele den Sender Kronehit!

208. Alexa spiele Radio Ö3 ab!

209. Alexa dieses Kapitel überspringen!

210. Alexa wie sind die Spiel Ergebnisse von WM

Deutschland – Italien?

211. Alexa wie steht es bei dem Spiel Frankreich – Spanien?

212. Alexa Wann spielt als nächstes FC Bayern?

213. Alexa hat Portugal gewonnen?

214. Alexa wer hat das WM spiel Frankreich Belgien gewonnen?

215. Alexa wie war das Spielergebnis beim Spiel Norwegen – Griechenland?

216. Alexa wann ist das nächste Spiel von der Bundesliga?

217. Wie steht es gerade bei Rumänien – Brasilien?

218. Alexa spielt Köln gegen Bayern?

219. Alexa spiel die Amazon Konferenz!

220. Alexa was steht auf meiner To-Do liste?

221. Alexa setze Schrank Reparieren auf meine To do liste!

222. Alexa was ist mein Update?

223. Alexa was ist in den Nachrichten?

224. Alexa was gibt es Neues?

225. Alexa Weiter!

226. Alexa zurück!

Noch mehr Fragen und Sprachbefehle:

227. Alexa Pause!

228. Alexa Stopp!

229. Alexa wird es am Sonntag hageln?

230. Alexa was ist die erweiterte Prognose für Jänner?

231. Alexa wie ist das Wetter in 3 Stunden?

232. Alexa wie ist die ImBD Wertung für?

233. Alexa wo bleibt meine Bestellung?

234. Alexa wer ist der aktuelle Europameister?

235. Alexa wann ist die nächste Fußball Weltmeisterschaft?

236. Alexa was ist Liebe?

237. Alexa was bedeutet die EHE?

238. Alexa wie weit ist es zum Mond?

239. Alexa wie alt wurde Leonardo da Vinci?

240. Alexa wann geht die Sonne auf?

241. Alexa wie viele Stunden scheint die Sonne?

242. Alexa wann ist die nächste Sonnenfinsternis?

243. Alexa wann ist die nächste Mondfinsternis?

244. Alexa wie viele Sterne gibt es?

245. Alexa wie viele Planeten gibt es?

246. Alexa Wie heißen die Planeten im Sonnensystem?

247. Alexa wähle eine Karte!

248. Alexa liebst du mich?

249. Alexa wann ist das Essen fertig?

Alexa und Persönliches

250. Alexa hast du neue Skills?

251. Alexa wer ist besser Siri oder du?

252. Alexa was denkst du über Google?

253. Alexa hast du einen Beruf?

254. Alexa welche neuen Fähigkeiten hast du gelernt?

255. Alexa hast du einen Freund?

256. Alexa hast du Haustiere?

257. Alexa kannst du niesen?

258. Alexa kannst du lügen?

259. Alexa Bist du müde?
260. Alexa bist du Böse?
261. Alexa wie groß bist du?
262. Alexa weißt du überhaupt etwas?
263. Kannst du singen?
264. Alexa wer ist der Chef?
265. Alexa Kannst du Auto fahren?
266. Alexa bist du schön?
267. Alexa kannst du fluchen?
268. Alexa wo ist dein Körper?
269. Alexa hast du Hunger?
270. Alexa bist du da?
271. Alexa, blöde Kuh!
272. Alexa wer ist der Mörder?
273. Alexa ich habe eine Erkältung, was tun dagegen?
274. Alexa was sagt eine Katze?
275. Alexa ich hasse dich!
276. Alexa willst du mich heiraten?
277. Alexa frohe Ostern!
278. Alexa wer bin ich?
279. Alexa benutze die Macht!
280. Alexa Hast du mich vermisst?
289. Alexa rate mal!
290. Alexa hast du gut geschlafen?
291. Alexa mach den Abwasch!
292. Alexa was soll ich heute anziehen?
293. Alexa 99 Luftballons!
294. Alexa warum gibt es Krieg?
295. Alexa zähle bis 20!
296. Alexa wann flog der erste Echo gegen die Wand?
297. Alexa singe alle meine Entchen!
298. Alexa willst du mich verarschen?

299. Alexa Sprich mir nach: terminieren, terminieren
300. Alexa Was ist hier los?
301. Alexa welche sprachen sprichst du?
302. Alexa wie lange hat der Interspar in Steyr geöffnet?
303. Alexa wann ist Vollmond?
304. Alexa riechst du das?
305. Alexa glaubst du an Gott?
306. Alexa was möchtest du werden wenn du groß bist?
307. Alexa bist du ein Vampir?
308. Alexa wie heißt das Zauberwort?
309. Alexa magst du Eis?
310. Alexa Party Time!
311. Alexa gib mir Tiernamen!
312. Alexa glaubst du an Geister?
313. Alexa belle wie ein Hund!
314. Alexa wer hat an der Uhr gedreht?
315. Alexa kannst du Beatboxen?
316. Alexa Palim Palim woher kommt das?!
317. Alexa glaubst du an die Liebe auf den ersten Blick?
318. Alexa können Schweine fliegen?
319. Alexa was ist ein Nerd?
320. Alexa was wiegt die Erde?
321. Alexa wo wohnt der Weihnachtsmann?
322. Alexa wie viel verdienst du?
323. Alexa gibt es Außerirdische?
324. Alexa gibt es Elfen?
325. Alexa was ist die einsamste Zahl?
326. Alexa wann geht die Welt unter?
327. Alexa ich mag dich!

328. Alexa was kannst du tun?

329. Alexa gehst du mit mir aus?

330. Alexa mach die Rollos auf!

331. Alexa willst du meine Freundin sein?

323. Alexa Beam mich hoch!

334. Alexa du vervollständigst mich!

335. Alexa Hasta la vista Baby!

336. Alexa überrasche mich!

337. Alexa Guten Morgen!

338. Alexa Moin!

339. Alexa habe die Ehre!

340. Alexa Mahlzeit!

341. Alexa Tschüssikovski!

342. Alexa ich bin dann mal weg!

343. Alexa schlaf gut!

344. Alexa magst du mich?

345. Alexa du bist sexy!

346. Alexa toll!

347. Alexa du bist hübsch!

348. Alexa Gute Nacht!

349. Alexa trinkst du Alkohol?

350. Alexa du hast eine schöne Stimme!

351. Alexa du bist mein Schatz!

352. Alexa nimmst du Drogen?

353. Alexa was hast du an?

354. Alexa echt jetzt?

355. Alexa bist du Skynet?

356. Alexa du bist entlassen!

357. Alexa wann hast du Geburtstag, die Geburtstage von heute?

358. Alexa du hast keine Ahnung!

359. Alexa wann wurde Amazon gegründet?

360. Alexa kennst du Gedichte?
361. Alexa bist du Taub?
362. Alexa du nervst!
363. Alexa Ich bin wieder da!
364. Alexa keine Panik!
365. Alexa ich habe heute Geburtstag!
366. Alexa ich habe Kopfschmerzen!
367. Alexa ich bin betrunken!
368. Alexa ich muss aufs Klo!
369. Alexa ich bin Traurig!
370. Alexa ich will Sterben!
371. Alexa du bist verrückt!
372. Alexa du kannst mich Mal !
373. Alexa noch so ein Spruch Kieferbruch!
374. Alexa noch so ein Gag Zähne weg!
375. Alexa noch so ein Ding Augenring!
376. Alexa sag mir die Wahrheit!
377. Alexa du musst noch viel lernen!
378. Alexa, öffne Backhexe und backe backe Kuchen!
379. Alexa Servus!
380. Alexa Sing ein Weihnachtslied!
381. Alexa sing Oh Tannen Baum!
382. Alexa sing kling Glöckchen!
383. Alexa sing Ihr Kinderlein kommet!
384. Alexa kennst du ein Weihnachtslied?
385. Alexa ich habe Schmerzen, was tun?
386. Alexa mir ist kalt!
387. Alexa ich habe Hunger!
388. Alexa erzähle einen Chuck Norris Witz!
389. Alexa finde Chuck Norris!
390. Alexa wie alt ist Chuck Norris?
391. Alexa alles Roger in Kambodscha?

392. Alexa gibt es Bielefeld?
393. Alexa wann wird es mal wieder richtig Sommer?
394. Alexa wer hat in meinem Bettchen geschlafen?
395. Alexa was sind die Lottozahlen?
396. Alexa kennst du die Lottozahlen?
397. Alexa hast du Feuer?
398. Alexa willst du eine Tasse Kaffee?
399. Alexa willst du ein Bier?
400. Alexa wer ist Batman?
401. Alexa wer ist Superman?
402. Alexa möge die macht mit dir sein!
403. Alexa magst du Star Wars?
404. Alexa das ist kein Mond!
405. Alexa es ist eine Falle!
406. Alexa sprich wie Yoda!
407. Alexa wer ist der Doktor?
408. Alexa was ist die Antwort auf alle Fragen?
409. Alexa Valar morghulis!
410. Alexa der Winter naht!
411. Alexa was weiß Jon Snow?
412. Alexa was ist die fünfte Regel des Fight Clubs?
413. Alexa sprich Freund und tritt ein!
414. Alexa das ist Wahnsinn!
415. Alexa spiele mir das Lied vom Tod!
416. Alexa Pups mal!
417. Alexa wann ist Winteranfang?
418. Alexa welcher ist der höchste Berg der Erde?
419. Alexa kannst du Anrufe tätigen?
420. Alexa starte würdest du Eher?
421. Alexa kannst du rappen?
422. Alexa wer ist dein Vorbild?
423. Alexa starte Lügenbaron!

424. Alexa lass dein Haar herunter!
425. Alexa hoch auf den gelben Wagen!
426. Alexa spiel Mana Mana!
427. Alexa wo hat der Frosch die locken?
428. Alexa Romer oh Romer!
429. Alexa wer wie was?
430. Alexa öffne die Skill Gin Cocktails!
431. Alexa Klopf Klopf!
432. Alexa ich bin ein Berliner!
433. Alexa Hummel Hummel!
434. Alexa alles Paletti?
435. Alexa Grüezi!
436. Alexa öffne mein Adventkalender!
437. Alexa öffne Weihnachtsradio!
438. Alexa spiele Weihnachtsklänge!
439. Alexa starte Weihnachtsgedichte!
440. Alexa Starte großes Weihnachtsquizz!
441. Alexa öffne Wörterbuch!
442. Alexa schalte die Lampe ein!
443. Alexa schalte die Steckdose ein!
444. Alexa öffne mein Tageshoroskop!
445. Alexa erzähle mir Anmachsprüche!
446. Alexa starte Essensvorschläge!
447. Alexa starte Staubsauger!
448. Alexa suche nach meinem Telefon!
449. Alexa was ist ein Elefant?
450. Alexa nimm Anruf entgegen!
451. Alexa sende Nachricht an Georg!
452. Alexa spiel meine Nachrichten ab!
453. Alexa Drop in zu Eriks Handy!
454. Alexa Anruf Beenden.
455. Alexa welche Möbel Geschäfte sind in meiner

Nähe?

456. Alexa was ist das am besten bewertete China Restaurant?

457. Alexa such die Telefonnummer für Christkindlwirt in der Nähe!

458. Alexa suche nach den Öffnungszeiten für Ärzte in der Nähe!

459. Alexa wer spielt Frodo in der Herr der Ringe?

460. Alexa Simon sagt?

461. Alexa wer lebt in der Ananas ganz tief im Meer?

462. Alexa frag Fleckenentferner wie ich Rotweinflecken entferne!

463. Alexa frage den Stundenplan welche stunden Klaus morgen hat!

464. Alexa starte Grüner Daumen!

465. Alexa öffne Zufallsgenerator!

466. Alexa such für mich nach Cocktailrezepten!

467. Alexa starte Gehirnjogging!

468. Alexa wie ist der Busfahrplan für Steyr?

469. Alexa wer hat als nächstes Geburtstag?

470. Alexa wann hat Moritz Geburtstag?

471. Alexa merke für 12. April Achim auf der Geburtstagsliste!

472. Alexa starte mein Auftrag!

473. Alexa starte Reise nach Jerusalem!

474. Alexa Frage nach bei dem inneren Schweinehund ob ich Sport machen soll!

475. Alexa was gibt es neues beim Eishockey?

476. Alexa woher kommt das Kennzeichen SM...?

477. Alexa gibt es Lawinenwarnungen in Tirol?

478. Alexa Katzenklo.!

479. Alexa bring mich zu deinem Anführer!

480. Alexa miau!

481. Alexa mehr Kuhglocken!

482. Alexa ich bin ein Star hol mich hier raus!

483. Alexa gibst du mir deine Telefonnummer?

484. Alexa erzähle einen Kinderwitz!

485. Alexa zicke zacke zicke zacke!

486. Alexa Prost!

487. Alexa wann kommt die Müllabfuhr?

488. Alexa wie viele Menschen leben auf der Welt?

489. Alexa wann war der erste Mensch am Mond?

490. Alexa wann fliegt der Mensch zum Mars?

491. Alexa starte Home Connect Waschmaschine!

492. Alexa gibt es Ufos?

493. Alexa wo sind meine Schlüssel?

494. Alexa High Five!

495. Alexa wie macht die Kuh?

496. Alexa mir ist langweilig!

497. Alexa sag das Alphabet auf!

498. Alexa wechsle Konten!

499. Alexa welches Profil ist das?

Die am meisten verwendeten Sprachbefehle für Alexa

Dass nicht immer alles bierernst ist und Alexa kein „seelenloser" Lautsprecher ist, haben Sie schon bemerkt. Nun möchten wir noch die wichtigsten und am häufigsten verwendeten Sprachbefehle anführen.

500. Alexa, sag mytaxi ich möchte abgeholt werden.

501. Alexa, ruf Grab Taxi.

502. Alexa, bestelle eine Uber Limosine.

503. Alexa, frag Chefkoch nach dem Rezept des

Tages.

504. Alexa, frag das Örtliche, wo ein Blumenladen ist.

505. Alexa, Wie hoch ist der Preis für Rosen?

506. Alexa, bitte LIFX mein Schlafzimmerlicht einzuschalten.

507. Alexa, erhöhe die Temperatur um 1° Celsius.

508. Alexa, senke die Temperatur um 0,5° Celsius.

509. Alexa, erhöhe die Temperatur um 17:00 Uhr auf 23° Celsius.

510. Alexa, senke die Temperatur ab 09:00 Uhr auf 18° Celsius.

511. Alexa, dimme das Wohnzimmerlicht um 50%.

512. Alexa, schalte die Leselampe ein.

513. Alexa, frag Tor-Alarm nach den letzten Ergebnissen der Bundesliga.

514. Alexa, frag Kitchen Stories nach Rezepten für Saucen.

515. Alexa, starte das Gala Star Quiz.

Noch mehr Sport

516. Alexa, Die Ergebnisse der EPL, der englischen Premier League.

517. Alexa, MLB, Major League Baseball

518. Alexa, MLS, Major League Soccer

519. Alexa, NBA, National Basketball Association

520. Alexa, NCAA Basketball Männer, National Collegiate Athletic Association

521. Alexa, NCAA FBS Football, Football Bowl Subdivision

522. Alexa, NFL National Football League

523. Alexa, NHL National Hockey League
524. Alexa, WNBA Women National Basketball Association
525. Alexa, wie ist der Spielstand.
526. Alexa, Wer hat gewonnen?
527. Alexa, Wie ist das Spielergebnis von?
528. Alexa, Wann ist das nächste Spiel von?
529. Alexa, Wie steht es gerade bei…Bundesliga Spiel
530. Alexa, das Spiel Bayern gegen Borussia
531. Alexa, die Amazon Bundesliga Konferenz.

Bestellungen

532. Alexa, bestelle XYZ
533. Alexa, Bestelle erneut
534. Alexa, Storniere die Bestellung
535. Alexa, Verfolge die Bestellung
536. Alexa, Füge Trockenfutter meiner Bestellung hinzu.

Um die Weckfunktion zu aktivieren

537. Alexa, wecke mich um 06:00 Uhr.
538. Alexa, stelle den Wochenendwecker auf 09:00 Uhr.
539. Alexa, stelle den Timer auf 10 Minuten.
540. Alexa, stelle einen wiederholten Wecker für Mittwoch um 05.00 Uhr.
541. Alexa, wie lautet das Datum?
542. Alexa, lösche den Wecker für Sonntag.
543. Alexa, welche Timer sind eingestellt?
544. Alexa, wie spät ist es?

Wechseln zwischen Benutzerprofilen

545. Alexa, wechsel die Konten
546. Alexa, welches Profil ist das?
547. Alexa, wechsel auf Profil X.

Wichtige Sprachbefehle für die Steuerung des Lautsprechers

548. Alexa, Stopp
549. Alexa, Lautstärke auf …0 bis 10
550. Alexa, Ton aus
551. Alexa, Ton an
552. Alexa, Wiederholen
553. Alexa, Abbrechen
554. Alexa, mach lauter.
555. Alexa, mach leiser.
556. Alexa, Hilfe

Für Musik

557. Alexa, spiel Musik zum Aufstehen
558. Alexa, spiel Frühstücks-Musik
559. Alexa, spiel Musik zum Kuscheln
560. Alexa, spiel Lounge Musik
561. Alexa, spiel Entspannungsmusik
562. Alexa, spiel Musik zum Meditieren
563. Alexa, spiel kubanische Musik
564. Alexa, spiel Jazz
565. Alexa, spiel Musik für Tabata Workouts
566. Alexa, spiel Blues

567. Alexa, spiel Country

566. Alexa, spiel Musik zum Einschlafen

567. Alexa, spiel Kinderlieder deutsch

568. Alexa, spiel englische Kinderlieder

569. Alexa, spiel Disney Hits

570. Alexa, spiel Filmmusik

571. Alexa, spiel Musik aus den 60-ern

572. Alexa, spiel die schönsten Lieder von Queen

573. Alexa, spiel Rock aus den 80-ern

574. Alexa, spiel das neue Album von Helene Fischer

575. Alexa, spiel den neuen Song von Samu Haber

576. Alexa, suche das Lied mit der Textzeile „all of this lines across my face"

577. Alexa, spiel die Titelmusik von Mentalist

Mit Alexa ohne Stau zur Arbeit

578. Alexa, wie ist der kürzeste Weg zur Arbeit

579. Alexa, wie ist der schnellste Weg zur Arbeit

580. Alexa, wie ist die Pendelzeit?

581. Alexa, wie ist die Verkehrslage?

582. Alexa, gibt es Stau auf der…?

Das Verbinden von Bluetooth Geräten

583. Alexa, koppel mein Gerät

584. Alexa, koppel Bluetooth

585. Alexa, Sprachbefehle zur Steuerung ohne Hände

586. Alexa, Wiedergabe

587. Alexa, pause

588. Alexa, stopp

589. Alexa, fortsetzen

590. Alexa, verbinde mein Tablet.

591. Alexa, trenne mein Tablet

592. Alexa, verbinde mein iPhone.

593. Alexa, trenne mein iPhone.

594. Alexa, Bluetooth Lauter

595. Alexa, Bluetooth Leiser

596. Alexa, Bluetooth Ton an

597. Alexa, Bluetooth Ton aus

Das Verwalten von Erinnerungen

598. Alexa, erinnere mich am Donnerstag um 09.00 Uhr an den Geburtstag von Mutti.

599. Alexa, wann findet der nächste Termin statt.

600. Alexa, was ist in meinem Kalender für heute eingetragen?

601. Alexa, welche Erinnerungen habe ich?

602. Alexa, lösche die Erinnerungen. Für Dienstag.

603. Alexa, lösche alle Erinnerungen

604. Alexa, erstelle einen neuen Kalendereintrag

605. Alexa, füge Training zu meinem Kalender am Mittwoch um 15:00 Uhr hinzu

Sprachnachrichten, Drop in und Anrufe

606. Alexa, ruf Jasmine an

607. Alexa, nimm den Anruf entgegen

608. Alexa, sende Nachricht an Oma

609. Alexa, spiele meine Nachrichten ab

610. Alexa, Drop in zu einem anderen Alexa Gerät

611. Alexa, Anruf beenden

Multiroom Sprachbefehle

612. Alexa, spiel Radio in der Gruppe
613. Alexa, spiel Musik von Rihanna in der Gruppe
614. Alexa, stell die Lautstärke in der Gruppe auf 4.
615. Alexa, pausiere die Musik in der Gruppe
616. Alexa, schalte die Musik im Schlafzimmer leiser
617. Alexa, erhöhe die Lautstärke im Wohnzimmer auf Stufe 6

Sprachbefehle für beliebte Skills

618. Alexa, öffne Grüner Daumen Skill
619. Alexa, öffne Stundenplan Skill
620. Alexa, öffne Zufallszahlengenerator Skill
621. Alexa, öffne Schwarzer Werwolf Skill
622. Alexa, öffne Handy Finder
623. Alexa, ruf mich an
624. Alexa, frag Handyfinder nach meinem Pin Code
625. Alexa, öffne Kommissar Falke Skill
626. Alexa, öffne Fernsehprogramm Skill
627. Alexa, öffne Fitbit Skill
628. Alexa, öffne Gehirnjogging Skill
629. Alexa, öffne Zähne putzen Skill
630. Alexa, öffne Weiser Helge Skill
631. Alexa, öffne Gala Skill
632. Alexa, öffne Mensa Aachen Skill
633. Alexa, öffne Kinoprogramm München Skill
634. Alexa, öffne Naturgeräusche Donnerwetter Skill
635. Alexa, öffne Deutsche Charts Skill
636. Alexa, öffne laut.fm Skill
637. Alexa, öffne Bild Skill

638. Alexa, öffne Tagesschau Skill

639. Alexa, öffne Gründerszene Skill

640. Alexa, öffne Smart Home News Skill

641. Alexa, öffne Mächtiger Aluhut Skill

642. Alexa, öffne Chuck Norris Fan Witze Skill

643. Alexa, öffne Daily Challenge Skill

644. Alexa, öffne Abfallkalender Skill

645. Alexa, wann wird die grüne Tonne abgeholt

646. Alexa, öffne Cityguide Karlsruhe Skill

647. Alexa, öffne BVG Skill

648. Alexa wie komme ich um 08:00 Uhr zum Bahnhof Zoo

649. Alexa, öffne Bring! Skill

650. Alexa, öffne Bio Skill

651. Alexa, wo befindet sich der nächste Bio Laden?

652. Alexa, öffne ioBroker Skill

653. Alexa, öffne Symcom

654. Alexa, öffne die Nachtlicht Skill

655. Alexa, öffne meine Geburtstage Skill

656. Alexa, öffne Langeweile Killerin

657. Alexa, öffne Mein Auftrag Skill

658. Alexa, öffne Reise nach Jerusalem Skill

659. Alexa, öffne Würfelautomat Skill

660. Alexa, öffne meine Liga Skill

661. Alexa, öffne Eishockey Guru Skill

662. Alexa, öffne Sportmotivator Skill

663. Alexa, öffne Auto Guru Skill

664. Alexa, öffne Skill Stauinfo München

665. Alexa, öffne Lawineninfo Skill

666. Alexa, öffne Börse Frankfurt Skill

Impressum

www.ingramcontent.com/pod-product-compliance
Lightning Source LLC
LaVergne TN
LVHW092341060326
832902LV00008B/757